舵手证券图书
www.zqbooks.com

知途领航财富人生
舵手俱乐部 www.duoshou108.com

期货操盘这些年

王孝明 著

山西出版传媒集团
山西人民出版社

图书在版编目（CIP）数据

期货操盘这些年 / 王孝明著. -- 太原：山西人民出版社，2016.3（2018.11 重印）
 ISBN 978-7-203-09533-0

Ⅰ.①期… Ⅱ.①王… Ⅲ.①期货交易—基本知识 Ⅳ.① F830.9

中国版本图书馆 CIP 数据核字（2016）第 054583 号

期货操盘这些年

著　　者：	王孝明
责任编辑：	崔人杰
出 版 者：	山西出版传媒集团·山西人民出版社
地　　址：	太原市建设南路 21 号
邮　　编：	030012
发行营销：	0351-4922220　4955996　4956039　4922127（传真）
天猫官网：	http://sxrmcbs.tmall.com　电话：0351-4922159
E-mail：	sxskcb@163.com　发行部
	sxskcb@126.com　总编室
网　　址：	www.sxskcb.com
经 销 者：	山西出版传媒集团·山西人民出版社
承 印 厂：	三河市京兰印务有限公司
开　　本：	710mm×1000mm　1/16
印　　张：	14
字　　数：	180 千字
印　　数：	4100－7100 册
版　　次：	2016 年 8 月第 1 版
印　　次：	2018 年 11 月第 2 次印刷
书　　号：	ISBN 978-7-203-09533-0
定　　价：	42.00 元

如有印装质量问题请与本社联系调换

序 言
PREFACE

思考致富

在期货市场闯荡多年，不断经受着行情的无序洗礼，在短期的极端行情走势面前，没有人能确信自己就是赢家，即便是傻瓜，瞬间也可变为智者，学历至高的博士，也可瞬间沦为傻瓜。

也许正是行情的这种无视学历知识水平走势，激发了更多人博傻的激情，让期货成为一个欲罢不能的战场。

知识只有在被正确地使用时，才能发挥其价值，激发其潜在的能量。期货行情的短期走势很难借助知识来把控，但当我们拉长时间距离，给自己足够的时间去思量，则完全是另一番景象——任何期货行情的成规模走势都可以借助特定的知识提前获知。

知识比金子更有价值，在有迹可循的期货市场，行情走势完全可以借助知识背景有力地掌握，知识是在期货市场获得金子的必备利器。

工欲善其事，必先利其器！

财富总是降临在知识头上。所有交易者都需要抱有一种"活到老，学到老"的态度来对待交易，永远不要自以为通晓一切。所有的行情机会，永远只会眷顾那些事先做好充分准备的交易者，依靠偶尔的碰运气来侥幸获利，在期货市场上永远不会走得久远。

财富是一个人思考能力的产物。追求财富是当下芸芸众生最现实的梦想，商业战场的游戏规则中，财富更是衡量一个人成败的核心指标。

如果你想变富，你需要不断思考，独立思考，而不是盲从他人。富人最大的一项资产，就是他们的思考方式与别人不同。期货交易是一个异常残酷的智力游戏，想要不动脑筋即可游刃于期货市场，那只是一种异想天开的幻想。无数的各行各业精英人士，绞尽脑汁想在期货市场上有所作为，但真正有所成就的却寥寥无几。并不是他们懒惰于思考，而是在期货交易成功的过程中，思考仅仅是其中一个重要环节，冥思苦想，勤于思考者将有机会获得显著成就。

任何行业的考核都不会像期货交易对交易者的考核这样苛刻，它拥有无比客观的考核标准，精准的数量化考核依据。交易者的任何一笔成败事迹都将被市场及时而又果断地录入考核系统，交易者行为的正确与否，直接关系到了财产的得失。交易本是一个艺术性远强于科学性的抽象行为，但又随时经受着如此具象定量化的考核要求。

国际商品投资大师索罗斯说，我们生活的世界充满谬误，而发现谬误即可以赚钱。市场会有出错的机会，但这样的机会一定属于勤于思考者，只有精通于商品运行规律，深入跟踪商品市场的交易者才有机会在市场出错之际，从期货市场上捡钱。

国际顶级投资大师总是乐此不疲地转战于众多商品市场，以期找寻属于自己的安全机会，多品种、多市场、多领域的投资机会给了投资者足够

序　言

的发挥空间。

期货交易的成功离不开交易者成熟的策略制订。理论上漏洞百出的策略，只能带来交易实战的千疮百孔。理论上完善的策略，有待交易者在实战交易中付诸检验。在这场异常严肃的游戏中，最关键的环节在于交易者是否按规律和规则办事，再成熟的交易策略离开了果断而又强有力的执行力，一切努力都将付诸东流。期货市场对任何人都很公平，谁都不例外，谁越过红线，必将受到严惩，而且惩罚之狠、之快迅雷不及掩耳。

时常有人提及期货交易者成功的条件，依我个人多年的交易经历，对其做个汇总工作。

第一，成功的交易离不开健康的身体。

再聪明的脑袋也不会与弱不禁风的身躯成功合作！离开健康的身体，你将无从在任何商业领域获得巨大成功，期货更将离你越来越远，遥不可及。期货交易不单单是个脑力活儿，更是一个超强压力的体力活儿。

心智与情绪也是直接影响交易效果的核心因素。成功的交易者需要不断调整自己的交易状态，极力规避情绪化影响。

以往在身体感觉不适之时，总习惯于坚持交易，但效果总是不尽如人意，而且极易触犯一些常规的禁区。2013年底，带着巨大的盘面盈利，我被感冒折腾得精疲力竭，坚持两天之后，只得果断清盘，让自己提前准备着新年元旦的到来。这是我第一次果断地为身体问题而彻底放弃交易，不仅有助于身体的尽快恢复，而且成功保住了已经到手的巨大收益，不再为自己无力全身心投入的事情而备受折磨。

第二，交易的成功永远都建立在知识的基础上。

知识永远都是人生的一大财富，知识改变命运更是一代一代切实地影响着我们。这里强调知识多少显得有点多余，但无论我如何讲，强调知识的重要性都不为过。永远不要试图寻找在期货市场能快速而又容易地赚钱的途径。投机取巧于期货交易，永远带来的都是越来越多的麻烦。只有不断投入时间精力去学习研究，获取合理交易的知识，并付诸实践，你离交易成功才会越来越近。

第三，耐心等待是交易者的一大核心素质。

期货交易在静不在动，频繁的交易只能带给我们无尽的痛苦，无数的交易者在频繁的进出中惨遭市场戏谑，已经给予了我们足够的教训。

所有交易者参与期货交易首先要摆正心态，盈利永远是交易者正确的策略和强有力执行力的回报；亏损是错误交易行为的必然结果。

"未料胜，先料败"，这才是期货交易兵法的核心理念。所有交易者都兴致勃勃地参与进来，以期从这个市场分得一杯羹，这个市场岂不成了福利机构。理性而又科学地参与，将每一笔参与资金的风险都严格控制好，交易者才有机会从这个市场获利。否则，市场对行为错误者的惩罚会来得无比迅猛、凶狠。

耐心地等待行情出现适合我们参与的安全机会，这是所有成功交易者的共识。不是机会，我们也视其为机会，给交易者带来的将是悲惨的结局。

第四，资本是交易必不可少的条件。

这是一桩单枪匹马的买卖，每个人的交易成功，都将带有一种个性的符号特征，你的成功永远无法复制。

参与交易需要具有相应的资金实力，没有资金想在这个市场生存，那只是天方夜谭。

如果你的交易策略正确可行，凭借你的知识储备与耐心等待，你可以

序 言

借助一笔很小的资本获得巨大的成功。这个市场上以小博大的鲜活案例屡见不鲜。

财力不足、智力来补。期货市场上有很多的方式可以实现财富增值，最根本的前提在于你需要具备相应的创富造血能力。只要你能实现稳定的资金增值，会有数不尽的资金拥有者慕名而来，大家富才是真的富。

期货交易的成败关键在人，所有的交易因素中，最大的障碍永远是交易者。交易者是否具有适合自己的交易策略？交易者是否会果断执行既定的交易策略？交易者能否控制自己的交易情绪，喜怒哀乐、无动于衷？数不尽的细节问题，每一项都将是交易者走向成功的绊脚石，交易者永远是所有交易环节中最具风险的不确定因素。

十年磨一剑、万仞梅花开。不经一番寒彻骨，怎得梅花扑鼻香？

期货交易会让你丧失世上你所有的一切，以此来教导你绝不可以做什么——还有什么能比得上这样的教育效果吗？

少动多想，多思考，交易者方可逐步走向成功。

借用国际商品交易大师罗伯特·T·清崎的一段话来告诫各位交易者，期货交易务必勤于思考。

我小的时候，一直学的是如何投资，而大部分人去上学，学的是毕业以后怎么找到好的工作。我可以很敏锐地发现很多投资项目，可能有很多人却视而不见。在中国可能很多人都意识到应该去投资，但是，他们在思想上还没有做好充分的准备。其实，在美国也是一样，有95%的人不容易发现一些投资项目，大多数美国人都在做着有高薪收入的工作，但是我的"富爸爸"告诉我说，高薪并不能够使你致富。只是有好的工作，有好的收入，并不能代表就有财富。如果你想致富，必须使你具有投资者的思维模式，而不是工作雇员的思维模式。

  首先,得让钱来为你工作,而不是你去为金钱工作。第二,你必须能够读懂财务报表。但是即使在美国也有95%的人看不懂财务报表,也分不清什么是资产,什么是负债。如果你想致富的话,必须能够读懂金钱的语言。就像你如果从事计算机的工作,必须能够懂得计算机语言。

悟道期途

  买卖之间皆精简,鼠标屏幕一线牵;

  愚者自娱搏击战,智者自谦谋畅想;

  纸上富贵入眼帘,落袋为安确少见;

  众人散尽血汗钱,罕见赢家暗敛财。

——王孝明

目录
CONTENTS

序言：思考致富 ………………………………………………………… 1

第一部分　初识期货，未知何时还得如此从容 ……………… 1

第一章　漫不经心，晃荡于小农产品间 ……………………………… 4

第二章　纸上练兵，宝藏暗藏书香中 ………………………………… 13

第二部分　2009年，全力以赴，如此这般为哪般 …………17

第三章　搏击豆类关联性：急功近利，只恨资金太少 ……………… 20

第四章　无序操作，小赚即逃，亏钱被套 …………………………… 25

第五章　逆向持仓：侥幸扛回来，虚惊一场 ………………………… 31

第六章　逆势加仓，你能坚持到什么时候 …………………………… 38

第七章　寻求刺激，期货市场无疑是代价最为昂贵的地方 ……… 44

第三部分　2010年，为一年十倍，自信赌徒终得自食其果　51

第八章　瞬间翻倍，短线交易魅力极致展现 ……………… 54

第九章　黄金大牛市，到底会牛多久 …………………… 63

第十章　看对行情，照样一无所获 ……………………… 68

第十一章　封停五连发，财富的急速重新配置 ………… 81

第十二章　为一年十倍，继续奋斗于短线搏杀 ………… 85

第十三章　与铜共舞，纯属心跳游戏 …………………… 89

第十四章　创富效应史所未见，期市财富不仅仅是故事 … 93

第四部分　2011年，志在长远，策略大转型考验 ……… 97

第十五章　盛极必衰，几近上天的螺纹将何去何从 …… 101

第十六章　坎坷跌途，捕捉趋势行情何其难 …………… 111

第十七章　取经大师，大师是否真大师? ……………… 116

第五部分　2012年，聚焦核心，深挖安全机会价值 …… 129

第十八章　疫灾天降、胜负人决　132

第十九章　否极泰来，"看对了，没吃尽"的机会 …… 139

第二十章　假突破，无奈中必须平静以待 ……………… 145

第二十一章　银之光，量化红利如此迅捷 ……………… 152

第二十二章　托市干扰，政策带来的不确定性风险 …………… 155

第六部分　2013年，运筹帷幄，得失权衡皆在个人 …… **159**

第二十三章　谋空焦炭，交易策略的完美执行 ……………… 162

第二十四章　钢市不济，有风驶尽帆 ………………………… 168

第二十五章　夏日里，小麦大爆发 …………………………… 175

第二十六章　半程行情，也是一种胜利 ……………………… 181

第二十七章　审视视线盲区，重新思考新品种交易机会 …… 186

第二十八章　完美形态，宜将剩勇追穷寇 …………………… 191

第二十九章　抢跑事件，壮士断腕无大碍 …………………… 198

第三十章　　盘整市道，游击式出击制胜 …………………… 202

第三十一章　夜盘开闸，重塑交易规则 ……………………… 206

后记：博采众长，结构化产品策略完善中 …………………… 209

第一部分

初识期货，
未知何时还得如此从容

第一部分
初识期货，未知何时还得如此从容

一提及期货，首先给人的印象无疑是高风险。具体风险有多高？不入水中不知水多深，很多投资者乐此不疲，足见期货市场之魅力。本人亲历过一日翻倍之兴奋，更历经急功近利之摧残；耳闻爆仓纵身跳楼之惨剧，听言百万暴增数十亿万之传奇……

如此类举，皆因期货之无尽魅力！

然而，我的期货入门却显得无比理性，如今回想起来，不禁暗自庆幸。很难预想，如今职业化操盘，不知何时还得如此从容？

第一章　漫不经心，晃荡于小农产品间

有四种动物经常在华尔街被提及：牛和熊，猪和羊。牛代表买进的人，熊代表卖出的人，猪代表贪婪的人，羊代表追随者。只要市场开盘交易，牛就会买进，熊就会卖出，他们都会赚钱，但猪和羊却会

被人踩在脚底下。

真正意义上的初次接触期货,着实是一个很偶然的机会。

2003年春节刚过不久,某一日下午在交通银行办理业务,大厅里一位身着正装、文质彬彬的小伙子,从我一进银行大门就很热情帮着取号排队,指引填写业务单据,端茶倒水。

若不细致留意其胸前的工牌,一直以为是银行的前厅服务人员,他对银行的各项业务流程熟悉程度,一点都不逊于银行正式职员。胸牌明确显示其为北京某大型证券公司职员小李。小李很是善谈,就在我排队等候的过程中,小李始终伴随左右,并谈及有关股票投资的一些事项以及近期一些经济环境、地产政策变动等。尽管之前对此类内容并不是很关注,不过我毕业于北京工商大学经济学院,对这些内容还是有些许理论基础的。谈话中顺便提及怎么办理开户手续等事宜。

一来小李办事很认真,待人又热情,二来我也大致了解点股票期货,不习惯办事拖沓。待我办完银行事宜,便直接随小李回他们证券公司,开立了股票期货账户,自此算是正式踏进了股市期市。

对股票期货的风险,我还是略知一二的,因此当时也显得十分理性,开始上网四处查询相关的内容。此后一直零零散散地交易一些大盘股和期货品种,股票的交易似乎一直没太引起我的重视,赔赔赚赚倒腾一段时间,倒是期货品种,由于杠杆较大,加之自有资金有限,入市之时也就投入五万元资金,自此开始不断深入了解商品期货市况。

早在90年代,国内各交易所市场推介工作开展迅猛,期货代理行更是飞速发展,再加上市场因法规与监管手段不到位,可观利润的刺激,国内期货市场呈现畸形的突飞猛进之势。全国各地成立的各种形式的商品交易所好几十家,期货交易品种上百种,进行国际国内期货交易的企业和金融机构数

第一部分
初识期货，未知何时还得如此从容

万家之多，从业人员更是由遍布大江南北，政府有效监管体系的缺失，让期货乱象丛生，挪用客户资金的现象屡见不鲜，也爆发出诸如天津红小豆事件、籼米事件、上海胶合板9607事件、"327"国债期货事件等诸多大事。

如此乱象自然引来国家监管部门的强力整顿，因此期货市场于2000年之前经历了数年清淡冷静时期。2001年对中国期货市场来说，无疑是喜庆的一年：期货在沉静多年后逐步重新受到社会和投资者的关注，市场信心逐步恢复，一些监管到位的品种合约也陆续开始推出。

我的参与正值强麦合约上市，市场上能交易的品种少之又少，三大交易所总计也就六七个可交易品种。我仅有少得可怜的入市资金，对波动活跃的铜、铝、橡胶等活跃品种，仅限于偶尔看看行情走势，但从未实际交易过。豆粕、大豆之间的关联性较为明显，因此成为我交易练兵的主战场。

2003年夏初，天气刚刚转热，无情的非典疾病席卷京城，由于疫情较为严重，传染速度飞快，出于安全考虑，多数企事业单位均关门放假，让人们在家避灾。路上更是鲜有人动，宅家成了人们普遍的选择。

整日闷在家里，闲来无事，交易期货和看书学习，几乎成了我每日全部的工作内容。尽管有点经济学理论基础，但在期货实盘操作上，我还处于盲人摸象阶段，一切都得慢慢来摸索，首先是行情软件的熟练掌握，对行情界面上出现的每一处信息，都逐个查询了解清楚；其次是交易软件的各种使用方法，一手一手地尝试着其中用法；加之对期货的参与十分谨慎，因此，很长一段时间，基本都是在小麦、豆粕、大豆之间一手一手地熟悉着，琢磨着。

入市交易不久，小李曾经向我推荐过橡胶行情，我特意留意过数日，但手里资金仅够交易一手合约，加之对橡胶产业一头雾水，最终还是对这个品种选择了观望。在当时的期货市场，橡胶算是成交最为活跃、波动幅度最大的一个品种，也可算是期货市场万众瞩目的一个明星，但其极端诡异的短期变化，忽上忽下的大幅走势，显得短期无序性完全主导着这个市场，自己初学乍到，还是谨慎为好。

如今回头看来，当初没有参与市场的这颗明星，是何等的理性！这一品种在当时令所有参与者均为之动心。

没有明确的盈利计划，事实上也没有造成太大亏损，也算初期少向市场交一些学费吧。2004年底，玉米的上线又丰富了我的交易品种。直到2009年，我基本一直周旋于这四个品种之间，进进出出不断试验着各种技术类图书中提及的技术指标性能。

类似"打酱油"式的操作模式一直是我的主选。一来我有其他工作在忙，开盘交易时间无法确定是否有机会看盘，有时好几天都顾不上看一次，因此短线出入更加频繁一些；二来我把更多的精力放在了纸面上，看书学习和研究技术类应用的时间更加充裕一些。本计划从众多技术分析中，能找出某种异常安全，甚至达到"战无不胜、攻无不克"程度的指标来，这样再考虑重点借鉴操作。但事与愿违，尽管交易下单手数很轻，基本都是一手一手来操作，但即便再安全的指标，也会有其弊病，很多指标的滞后性显得更加明显，造成的结果可想而知，更多的是赔多赚少的无序后果。

图1 玉米2007年上涨走势图

由图1可见，2007年的玉米行情，从不到1500元，断断续续上涨至接近2000元，如此大的行情，不是我不想拿下来，而是拿不住仓位，稍有回调马上平仓，甚至还有侥幸做空的时候，断断续续一路走来，不仅颗粒无收，还交进去不少学费。

基于此，很长一段时间对技术指标完全失去信心，这些指标的价值何在？

2008年，欧债危机的爆发与持续发酵，让所有品种均向下共振，真是"覆巢之下无完卵"，如此良机，据传有操盘手已经实现持续翻倍，而我还在无序地试验着。进入七月份之后，由于工作挤压了更多的操盘时间，手里拿的几手玉米空头也没时间处理，时隔好久，发现有所盈利，再次追加一些空头玉米，侥幸加万幸的机会终于降临到我头上，年底忙得根本没时间看盘，偶尔上去看看，既然有盈利在，也就没做处理，一直到年底发现已经赚了不少，索性平仓休息。

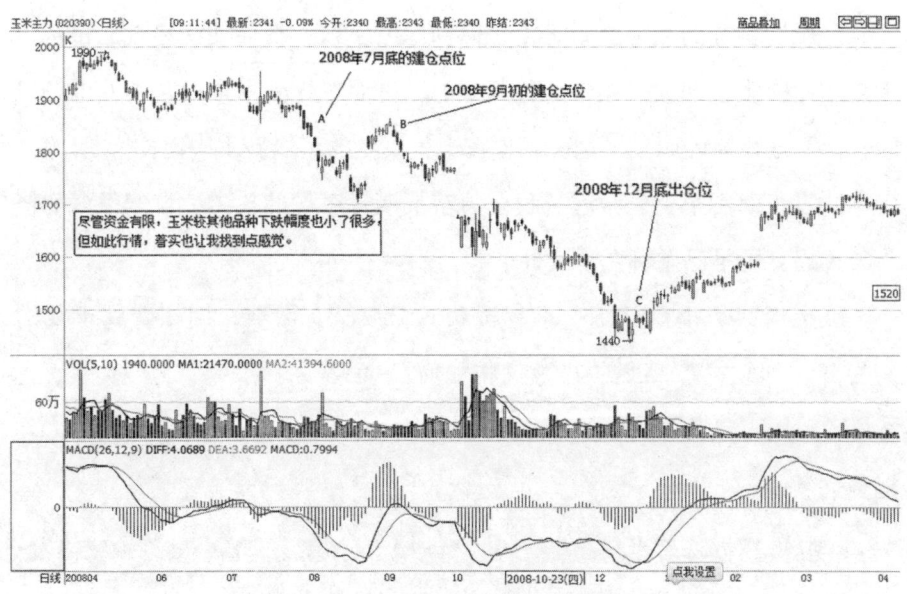

图2　玉米2008年下跌走势图

由图 2 可见，2008 年玉米行情很长时间在高位盘整，终于在 7 月下旬出现下滑迹象，我顺势卖出一部分，之后持仓很久一直没时间操作，偶尔看看有盈利在，也就没做任何处理。9 月初见利润依旧存在，于是加仓做空一部分，再往后的时间好几个月根本顾不得这些，甚至已经将期货持仓忘却，也没接到期货公司强平或爆仓通知。再看到行情时候，已经到了年底 12 月份，既然有时间来操作，那盈利仓位也就没时间再留下去了，平仓出局是很自然的选择。

近似扔钢币似的选择对了方向，但对玉米为何会跌，为何跌得比其他品种慢，以及玉米都有哪些详细用途，这些内容似乎都不属于我真正用心关注的范畴。

事后回想，这波玉米行情拿得实在侥幸，据此视为操盘水平的提升，实属勉强之举。但无论过程如何，功劳会习惯性地被操盘人揽于己身。

很多交易者都会将偶得的收益视为自己的操盘水平的提升，我自然也不会例外。亢奋之下，远可以照此模式预期未来。

阶段性良好的交易结果无论是何种原因所致，都会使交易者的目标、欲望迅速膨胀，加大操作中的鲁莽行为，进而忽视交易中最基本的市场风险，惨剧往往由此而生。这一现象在半生不熟的市场新手中比比皆是。

此役收获不小，也激起了我全力奋战期货市场的斗志，自然很多的侥幸与天赐良机早已抛掷九霄云外。

纸上谈兵、小盘磨炼、小有斩获，细数已有数载，期望着属于我的 2009 年，如此状态，我的 2009 又将如何？

期货之我见

伴随着高杠杆而生的高风险性，再加上鲜有赢家露富，屡现输家惨案，让期货在众人心目中形成无形的恐惧意识。

第一部分
初识期货，未知何时还得如此从容

天下熙熙，皆为利来；天下攘攘，皆为利往。

期货交易平台在国际市场上存在已有上百年，自有其存在的价值，产业资源的套期保值规避风险自然不在话下，各种各样的操盘赢家大师更是彰显其财富效应。

期货对业余的投机者而言，可能是个大的娱乐场，熙熙攘攘，来而无往；可能像是场大型球赛，他们混迹其中，期望跟职业选手一较高低，侥幸渔利。而所有职业投机者均十分清楚，自己时刻在与某些世界上最聪明的人火拼，小心驶得万年船。

理性地看待，期货对我而言，我更愿视其为一个经营者的工具，一个游刃于金融市场的手段。

期货市场犹如大海，时而平静，时而起伏动荡，它根本不考虑参与者的情况。参与者犹如水手，市场是你无限的舞台。当你买进某品种之后，行情随即大涨，你会为此感到兴奋；当你做空而市场出现上涨，将你的财富逐步吞噬，你会充满恐惧。但这些感受与市场毫无关系，与他人也没有任何关联，那仅仅是你自己的感受而已。

你将无法采取任何措施来干扰和影响市场，控制自己，再控制自己，是你唯一的出路。

市场不会关心你的财富变化，也不会刻意去伤害你，伤害你的只有你自己。

当你让情绪而非智慧主导自己的行为时，将会直接威胁你的财富。

水手没有能力控制大海，但优秀的水手可以控制自己。水手可以研究水流和气候，可以了解大海的活动规律；可以精通航海技术，积累航海经验；水手知道什么时候该出航，什么时候该留在港湾。

阳光明媚，清风吹拂，乘舟畅所欲游，你会感到心情舒畅；

狂风暴雨，惊涛骇浪，你会对大海惊恐万分。

常在海边走，哪有不湿鞋。水究竟有多深，只能靠水手个人的经验和智慧来判断。

所有成功的水手都会运用自己的智慧。

大海是一个舞台，水手借此获得了施展身手的机会。

你可以在海里钓鱼；

你可以乘浪畅游；

大海是危险的"恶魔"，它会毫不犹豫地吞噬你。

你对它越了解，你从中获取所需的可能性就越大。

交易者必须像水手研究大海一样，悉心研究市场的规律。你永远也无法控制市场，但你可以控制你自己。

新手入市往往在小有获利之后，会照此预期未来，畅想无限，会觉得自己可以战胜市场。为此，他开始大展身手，冒更大的风险，直到赔光。

职业投资者运用头脑智慧，时刻保持心态平和；业余投资者会因交易而悲喜交加，在这个市场上，情绪化的反应，无疑成为其负担不起的奢侈品。

交易者是任何交易系统中最薄弱的环节。

在期货交易中，明智的参与者会不断总结完善自己的交易系统，逐步细化自己的操作规则。有的参与者借助自己对某个行业的了解而专研于个别品种；有的交易者借助某些技术指标而屡屡小有斩获；有的交易者充分重视风险管理而平稳增值……

然而，有些成功的交易者，在借助期货市场迅速积聚财富之后，最终又惨败在自己的执行不力上。

美国著名期货投机大师，《股票大作手回忆录》作者杰西·利弗莫尔，四起四落，于期货市场掘金如探囊取物，但又屡次挫败于自己不坚定执行其成功的操作策略。与其说利弗莫尔败给市场，不如说他败给自己不坚定的执行能力。无论利弗莫尔的交易策略如何成熟，他自己始终成为这一成熟系统的"定时炸弹",市场的反复无常与功利心的急速膨胀,都将成为这颗"定时炸弹"的引爆点。

交易者也因此成为整个交易链条上不得不引以重视的薄弱环节。

期货交易是科学与艺术的完美结合。

期货交易具有科学的成分,所有成交数据皆具备精准无比的数理统计功效,所有技术指标均借助科学的计算公式和合理有效的程序编制而成,为我们提供了定量化的分析工具。

期货交易具有艺术的成分,行情的走势非人为所能精准预测,但又经常走出一些经典绝伦的美妙形态,无数参与者都将自己的心智完全融入其中。

就是这一兼具科学与艺术因子的特性,让无数参与者在科学与艺术之间权衡再三,两难抉择。

期货交易的事宜,是个科学解决不了的问题,是个艺术说明不清的问题,那么,如何是好?有人提出用哲学来帮助解决一个关键部位问题——心理问题、交易者的问题。

这一创意性思维,无疑为很多操作碰壁者提供了一种"慢生活"协调与适度性转移视线的思路。

国际知名投机大师乔治·索罗斯,毕业于哲学系,创造性地提出"反射性"理论,站在哲学的高度为辉煌投机成就向世人做了诠释。无疑,索罗斯是成功的经典范本,但索罗斯的著作在国内、国际上,即便高知专家细读数遍,又有几人能够对其大彻大悟?

无独有偶,国内期货投机专家《十年一梦》作者青泽老师,于国内名校北京师范大学专研哲学数载,并用优异的实战业绩和通俗、耐人回味的哲学思想细致诠释着期货交易的真谛。

凡是拼体力的事,一目了然;凡是拼智力的事,互不相让,互不服输,

不见黄河心不死。

期货交易显然是个智力活，这个舞台汇聚了五湖四海的各行业精英人士，多数参与者躬耕细作于其他行业，凭借自己的聪明才智和辛勤劳作，积累了进入这个行业的基础。

或许是因其是某个行业的佼佼者，期货交易仅仅是买卖之间的一个简单进出问题，这种智力游戏对业已功成业就的成功者来讲，简直太过容易。通常新入市交易者会对期货风险视而不见，直至其不断碰壁，在期货市场尝尽苦头，甚至破产倒闭，才会真正意识到期货市场的风险。因此，期货市场几乎成了各行业精英博傻的游戏场。

多数期货交易成功人士，都会有一段不同情节的赔钱经历，似乎只有缴足了学费才有机会学到真本领。

各行各业的成功均需精于专研，期货交易自然也不例外。

融汇科学、艺术、哲学、心理学等多学科于一体的期货交易学科，所耗学时不同凡响。

期货操盘手：有如美酒胜美酒。期货行业最金贵的这一角色，当之无愧将成为人间瑰宝。

常言道："酒香不怕巷子深"。优秀期货操盘手堪比美酒，十年磨一剑，哪怕花更长时间能够磨炼出一位操盘精英，概属幸事。三国刘备，卧龙、凤雏得一可定天下。当今商战，得一期货操盘精英，可定大业，源源不断的财富必将随之而来。

美酒越久越值钱，期货操盘手越磨炼越有价值，只有经历岁月洗礼，不断完善细化交易策略，不断洗练心智，才能造就优秀的操盘手。

总之，期货操盘，苦不堪言；苦则苦耶，成则幸哉！

第一部分
初识期货，未知何时还得如此从容

第二章　纸上练兵，宝藏暗藏书香中

  天下之事，皆是利害相随，连吃睡都如此。但有一事，有百利而无一害，那就是读书。读书之乐趣识字者皆可享受，不分贵贱、老幼、贫富，开卷有益，人人共享。

——马未都（观复博物馆馆长、国内知名收藏家、作家）

  早闻人言，期货市场风险很大，十之八九都将亏损，且多数亏损惨重，更有甚者瞬间穿仓。读书万卷，不知能否得解？

  早在我就读北京商学院期间，这所学校的商业氛围较浓，或许是学校专业设置使然，抑或是学校位置交通便利之故，经常会有一些公司来学校提供些实习或社会实践机会，很多同学都陆陆续续参与其中。有些书商也会入校提供类似校对或编辑类工作，我对文字工作颇有所长，自然也就乐此不疲于书商之间，参与多部图书的编校工作。其间参与过一部台湾知名作家的股市实战分析类图书的校对工作，尽管之前从未对此内容有所涉猎，当时对书中提及的很多内容还是感到较为新鲜，也刻意仔细阅读过两遍，只是当时国内的资本市场网络交易系统较为落后，该书内容涉及的很多非常专业的技术图形和专业术语，我们很少能接触到，甚至一些较为普及的技术指标都无从找到，对书中很多内容也只能停留于感性认知阶段。但对资金管理部分提及的资本市场风险何其大，以及如何合理布局仓位等还是印象颇深。或许，这该算我对资本市场实操技术的启蒙之作，之后尽管并没有很快亲身投入资本市场，但一提及股市、期货、外汇之类的资本市场，总有一种似曾相识之感。

自2002年以来，我一直在从事图书策划编著工作，其间即便不算读书万卷，阅读量也不可小觑，家里几乎变成了一个小型图书馆，各类经济类读物充斥其中。这些年几经搬家，一些普通读物屡有送人和处理，但多数经典著作依旧眷恋，跟随我几易其所，时不时得空拿来翻阅消遣。长久以来，阅读便成了一种习惯，无论走到哪里，总习惯性地带本书来读。

开立股票期货账户之后，我便一直留心关注一些相关著作，令人遗憾的是，2003年当时的图书市场上有关期货股票类的经典之作少之又少，一些大同小异的入门类作品重复充斥着整个市场，针对股市个股分析、市值研究之作比比皆是。但无论怎样，只要是相关作品，我基本是尽收囊中，慢慢品味资本操作之中的奥秘。

读约翰·墨菲大师之作，受益匪浅。

在诸多著作中，一部资本市场技术分析之经典作品，不得不在此提及。美国著名技术分析大师——约翰·墨菲早年编写的《期货市场技术分析》，一直被业界视为资本市场技术分析的"圣经"。此作品汇聚了最基础的技术分析内容，全面涵盖从简单的K线分析、支撑压力分析、形态分析到复杂的资金管理策略等内容。有幸于入门初期获得如此读物，简直如获至宝，其中内容多年来反反复复阅读有数遍，每遍均会有新的收获，或许技术分析类作品本身就需要逐步细化品读，方可逐步消化吸收。

"梅花香自苦寒来"，但凡成大事者，必有其艰辛努力，大师背后付出的辛苦我们很难了解，但就如此复杂的技术类作品细化整理，分析得透彻清晰，足见其对技术分析的深刻领悟。

一位朋友在期货上频繁短线进出交易，两年时间亏损进去将近两百万。我跟他沟通过数次，他的交易没有任何依据，完全随市波动，追涨杀跌，后来我建议他制定一些交易计划，并推荐学习约翰·墨菲的《期货市场技术分析》。

时隔数月，再次与其见面时，他兴高采烈地讲："我已经阅读完墨菲大师整部著作，以后知道该怎么做了，不用再赔钱了。"

每位交易者都想从期货上博取利润，我们的交易对手都是无比精明的，但又有几人真正持续获利。如果选择一部经典著作翻阅一遍即可立竿见影，此书售价该得多高，实难想象。

成功的交易不是阅读一两部著作来决定的，而是需要交易者不断学习、不断完善、反复吸纳适合个人操作的精华。

勤能补拙，对技术类作品的每次重温，我都能挖掘出一些细致精妙之处。

系统全面地梳理技术指标和分析方法

技术分析的内涵，远比用心拼凑的专业资料丰富翔实，适合于不同研究方式与专业领域的美妙结合。任何基本面的行情支持，供需关系的变化，突发事件的影响，均会有效反映于技术图形上，只是时间有先后，指标有滞后性，我们如何管理这种偏离误差，显得至关重要。

在技术分析这门学问面前，我们人人都是学生！

著名的技术分析家W·D·江恩曾指出："在过去四十年里，我年年研究和改进我的理论，我还在不断学习，但愿自己在未来会有更大的改观。"（摘自《怎样从期货交易中获利》，1976年兰伯特·江恩出版社出版，第2页）

从初期仔细研读数部作品之后，我就尝试用自己的方式来整理完善所有学习过的技术分析方法，不断地积累和完善这些内容，然而学习的情况是：只见出发点，始终不见终点。

在技术分析领域里，不断学习、不断检讨改进的重要性怎么强调都不为过分。出于交易和讲座的需要，我保持较高频率的学习反思技术类分析指标，不断重温许多已经阅读过的经典之作，这使我受益匪浅。

读书对任何人都有百益而无一害，不断学习有助于加快我们的成功，少走很多弯路。然而，纸上谈兵无实效，加之期货操作是一个严肃的高难度的智力游戏，贪婪与恐惧、兴奋与压抑的心理变化时刻左右着交易者的情绪，不加以严肃对待，任何一种细小的疏忽都会造成巨大的亏损。

伴随着学习和梳理技术工具，自信心理不断膨胀，贪婪之欲非我可控，博取短期高收益将我带上快速浮亏的不归路，过山车般的刺激更让人欲罢难休。贪婪与稳健增值有如南辕北辙，很难并行，成功之路越发遥远。

第二部分

2009年,全力以赴,如此这般为哪般

第二部分
2009年,全力以赴,如此这般为哪般

交易的乐趣加赚钱的诱惑,最容易激起交易者战胜市场的斗志。

随着饱览期货操盘类书籍,以及2008年玉米市场的小有收获,主动积极交易的乐趣愈发浓厚,对来年的期望更加倚重,收益预期随之扩大化,但是工作总免不了会对操盘有所影响,就此我做出了一个重大决定:辞职,专职操作期货。这也是我继2003年"非典"以来,再次全身心地投入到期货市场。此役旨在战胜市场,回头望来却是愚钝之举,市场是永远也不可战胜的。

不经历时间洗礼的胜利是不牢靠的,经过六年的磨炼,自以为可以自由驰骋于期市,然而,我的2009年却因此注定不平坦。

究竟单靠时间能否磨炼出一个好的操盘手?

赌博之我见

所谓赌博,就是对可能的结果下注。现实生活中存在着形形色色的赌博形式,结果无二——胜者悦、输者悔。期货是很容易变成赌博场的一个交易平台。

赌博的人大致可分为三种:

1. 正常人赌博是为了消遣,这种人随时可以停止赌博;

2. 职业赌徒将赌博作为谋生的职业；

3. 神经性赌博是在下意识的需求驱动下参赌，而且无法停止。这些人急于体验好运带来的快感，而不是专注于制定长远的游戏规划。

第三章 搏击豆类关联性：急功近利，只恨资金太少

> 一般的傻瓜犯起傻来，不分时间和场合，而华尔街的傻瓜呢？则是不分时间，总觉得非做交易不可。
>
> ——埃德温·洛弗热（美国期货投资专家）

记不清从什么时候开始，豆油被纳入了我的关注范围，可能是在参与大豆和豆粕的过程中，因其之间互相有所关联，也可能是因为豆油的波动更大带来的短期收益刺激的原因。但从2009年全力以赴地投入期货市场不久，我便制定了一个自以为很是完美的策略，那就是完全借助豆类品种的关联性，博取市场短期利润。

豆粕、豆油均属于大豆的下游衍生产品，因此三者之间行情关联性极高，相对来讲，大豆作为原材料，其波动幅度通常会小于豆粕、豆油。通常在日内行情波动中，这三个品种频繁出现同涨同落现象，仅仅是出现方向的时间上稍有差异，波动幅度上差异较大，因此当三个品种同时上涨或下跌时，我可以果断跟进买进或者卖出；当三个品种均处于横向调整，但

某个品种率先突破，出现方向选择时，我可以在另外两个品种上追随这个品种的趋势而建仓。

曾经有一段时间，由于棕榈油与豆油之间存在一定的关联性，也将其纳入这一联动系统内操作。

自此，这一规律在这几个品种之间屡试不爽，少有赔钱现象。

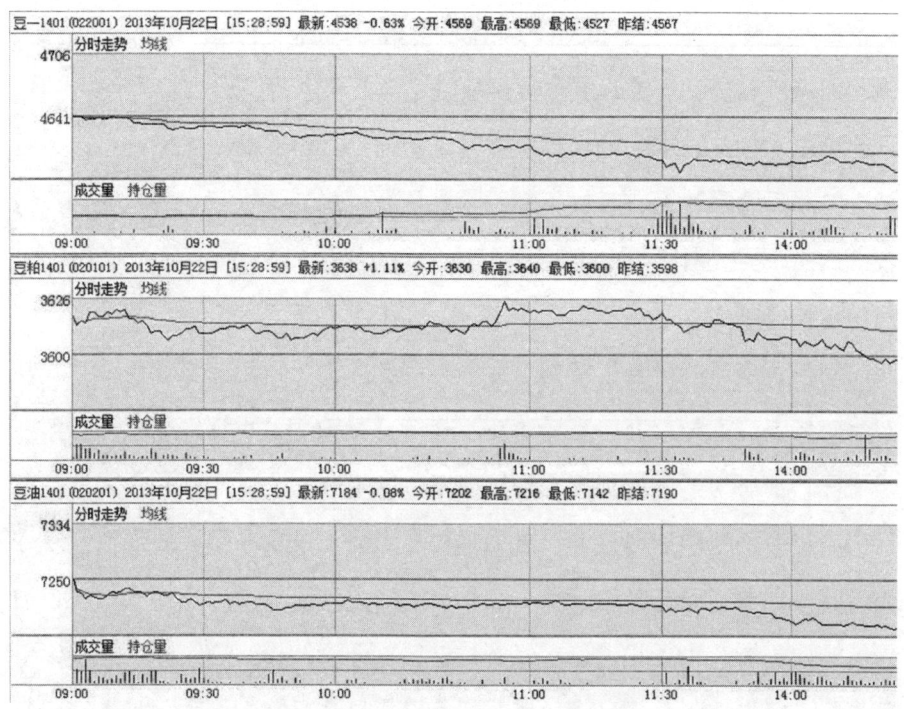

图3 豆粕、豆油、大豆关联走势图

由图3可见，该图取自2013年10月22日，大豆、豆粕、豆油在日内走势中，经常呈现出局部一致性，但也有时会走势分离较大，短线频繁交易还将受到行情波动幅度的影响，很难保障稳定收益。

然而，很快就开始暴露一些问题出来。

第一，在这几个品种之间寻找这么一个极端敏感的内在规律出来，先不提其是否具有科学性，偶然的背离现象出现，将会让损失快速扩大，止损成了很难把控的关键问题，屡屡以仓促逃亡而收场。

有时候豆油在上涨的时候，豆粕很可能出现下跌走势，这种走势一旦出现，参与进去的资金将会失去最根本的参与标准借鉴，由此带来的将是无尽的期望与快速扩大的损失。

第二，豆类品种的波动幅度并不大，很可能发现在这一规律应验之际，行情已经走到尽头。我们的参与点位恰恰是日内的反转点附近，如此一来，无功而返已算侥幸至极，更多时候是以亏损出场。

第三，如此追求一种短期收益，试图捕捉行情的每一次微小波动，自然会带来重仓赌注，有时候不知不觉就把仓位加到了极限。一旦遇到行情极端反向，马上遍体鳞伤，快速平仓要么伴随着巨大地点差，要么无法成交，只得重新挂单。

第四，事后的研究了解到，豆油与豆粕的整体走势并不始终一致，甚至有时候走势大相径庭。当养殖业不景气，豆粕行情不理想而豆油行情强势之际，油厂为了增加利润，会倾向于多提炼豆油，这样豆粕作为副产品产出，将会不断增加库存，形成油强粕弱走势，通常在年底豆油消费旺季出现这一现象；而在养殖旺季，豆粕需求增强，而豆油处于淡季阶段，油厂会倾向于多产出豆粕以追求经济效益，这样豆油作为副产品，库存会不断累积，粕强油弱走势自然形成。如此走势经常相悖的两个品种，期待其短线走势能协调一致简直是痴人说梦。

最终，经过一段时间的摸索，这一规律的应用以惨亏而收场。

当交易者切身痴迷于某种交易方式时，其他所有的因素和经验都将视而不见。之前学习的很多技术分析手段一股脑儿全都遭到抛弃，几乎没有任何参考价值。

交易者在市场上身临其境时，会想方设法寻找适合自己的交易策略，成熟的交易者会极力完善自有的操作策略，让盈利增值能力更加稳健，多

第二部分
2009年,全力以赴,如此这般为哪般

数人为了提高资金利用率,会寻找一些离奇古怪的方法,尤其是新手入市、小额散户的参与,更是竭尽所能去寻求短线增值的技法。这样,很多很多不成规律的规律,将会被拿来仔细琢磨。这种严重缺乏科学性的交易策略,参与者很难迅速发现其弊病。

交易者努力去寻找市场的变化规律很值得提倡,尽管有些规律的成败概率跟投掷硬币来决策无异,但交易者身临其境,都会有一种好奇感和成就感。

事实上,短线投机客绞尽脑汁去苦苦摸索的很多交易规律都是不成熟的,具有先天性弊病,其根源危害不在市场,而在人。交易者是最根本的弊端所在,短线交易近乎急功近利地提高资金利用率,将让交易者无法承担市场的任何风吹草动,获利只能是短期效应,损失是必然的结果。

交易者入市操盘,无不为了寻梦,人人期望尽快走进一个财富的天堂。但这条路走起来实属不易。

金融交易基本是聪明人的博傻游戏,无数高知分子频频栽倒在这个上面。

期货市场犹如战场,战场上的失败方将被获胜方大肆掠夺,他将失去已有财富、失去自己的妻子儿女、失去所有的一切。期货市场上的失败方遭遇与此难分伯仲,将直接失去辛苦创造的财富,甚至妻子儿女。

我的一个朋友是国内某知名大学的金融专业研究生,毕业后去一家国企做研究工作,工作虽辛苦,但收入不菲。不知从何时起,他迷恋上了期货投机,整日沉迷于期货市场,但他所有的交易情况秘而不宣,直至东窗事发。

原来,他于2007年入市交易商品期货,当时正值商品牛市,小试牛刀便大有斩获。这便激起了他的交易激情,也将风险判断抛于九霄云外,

更视这次成功为其经济学基础扎实。他倾其所有投入期货市场，此一时彼一时，他的经济学基础知识不再为他效劳，每日忙出忙进，数遍倒腾，最终碰上了2008年美国债务危机爆发，连续的跌停板直接将其所有投入吞噬殆尽。

财产的损失并未给其足够的警醒，加之自恃经济学基础扎实，他又不顾家里人反对，私自借债继续激战期货市场，再次的爆仓损失的不单是财富，带来了家庭的破裂，爱人弃他而去。

期货市场不会考虑你学历高就对你有所关照，也不会因你资金紧张就会对你网开一面。急功近利者期货交易的结果远惨于上战场。

期货交易不考虑你的学历，不考虑你的背景，更不顾忌你的财富实力，是少得可怜的人能玩好的游戏。

想要每天从期货市场抽取属于自己的"面包"与"黄油"，必将被期货市场反吸得一干二净。试想，如果哪个交易者能够按照日复利取利于期货市场，哪怕他的资金少得可怜，每日获利再少，日复一日，不远的将来，其财富必将富可敌国。

有其源必有其果，你的策略定位于博取短期收益，必将为短期行情所愚弄。期货行情短期无序性很强，稍有不慎，短期快速反向拉动，都将会带来惨痛的亏损。每日随屏闪动而频繁波动的情绪，会随着市场的涨跌而起起落落。急功近利者不理会市场的大幅走势，而是一门心思地抢进抢出。这个市场上没有人能够捕获所有行情细小的波折。

逐小利者必为小利所失，无序闪动的行情时刻牵制着交易者的情绪，高度紧张的精神状态，极度负荷的心理压力，意欲获利何其难？

正如华尔街某知名投资专家所言："一般的傻瓜犯起傻来，不分时间和场合，而资本市场上的傻瓜，则是不分时间，总觉得非做交易不可。"

期货市场上，没有人能够天天找到足够的理由来买进卖出。

第四章 无序操作，小赚即逃，亏钱被套

> 市场投机者试图对股价的短期波动进行预测，希望获取快速的利润。极少有人能以这种方式赚钱。实际上，任何人如果能够连续地预测市场，他或她的名字早就列入世界首富排行榜，排在亿万富翁华伦·巴菲特和比尔·盖茨之上。
>
> ——彼得·林奇

长期以来，玉米市场一直是我关注的重点目标，2008年在这个领域更是侥幸小有收获。行情转眼已进入2009年，渴望着那似曾相识的玉米市场能够再度为我创造效益。

显然这年上半年的玉米行情并不给力，始终处于上下200点左右的宽幅调整区间，尽管时而会出现数日的快速单边走势，但整体局面疲软无序，很难捕捉到这种机会，这种局面对趋势交易者来说，无疑是最难的。

不过，当时的我也没有做趋势的计划，还是一心想着如何提高资金利用率，每天积极买进卖出，由于玉米日内行情波动幅度不是很剧烈，慢慢习惯了零零散散地买卖一些玉米，看着价格高了就陆续卖出，看着价格低了就逐步买进，这种重价不重势的交易方式在行情盘整局面下倒也没有多大损害性，但也很难有所作为。

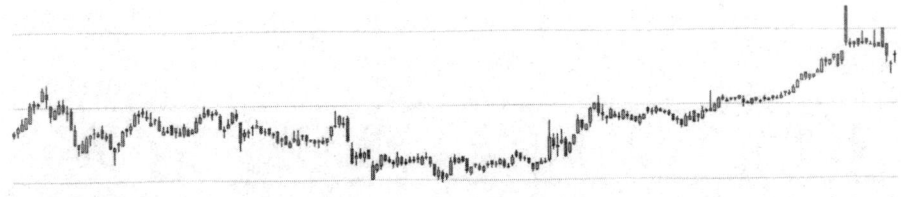

图 4　玉米 2009 年走势图

由图 4 可见，2009 年的玉米走势很难说有趋势，整个前半年的多数时间，玉米行情始终处于宽幅上下摆动期间，零零散散地进出交易既没有带来什么损失，也没能创造价值。年终两三个月，玉米行情开始逐步上扬，做空不忍心砍仓的仓位，均遭受不小的损失。

整个上半年玉米的走势基本属于一种毫无行情的局面，每天的勉强入市交易，很难有所收获，总体下来，这段振荡期间没有造成损失已属万幸。

投资者经常会被贪婪蒙住双眼，只见利益，无视风险。对行情的无序整理更是习以为常，自然会一直惯性地按现有方式交易下去，这样也为行情的突破埋下了祸根。

通常，一会买一会卖，被套住的仓位会留下等待解套，盈利仓位会很快被平仓，这种做法在行情整体盘整局面下倒也无所谓，但这一做法注定为行情反向突破埋下了祸根。

到国庆节前后，可能是现货上对玉米收成的预期不是很理想，也可能是其他一些需求因素影响，总之当时的我对这些产业状况一概不懂，也没有计划去了解实际的产业状况，只是每日忙进忙出地交易着，此时的玉米明显在逐步摆脱长时间的盘整区域，抬头上扬趋势已经逐步明朗。

然而，我并没有顺势交易的思想，还是整日乐此不疲地忙进忙出，买进的仓位稍有盈余便获利了结，卖出的仓位可就没有这么幸运了，随着行

第二部分
2009年，全力以赴，如此这般为哪般

情的缓慢攀升，浮亏越累越大，越大越不忍心平掉，还在寄希望行情回调稍有盈利再平仓。

一笔交易越是亏损，你就可能越带着偏见去看待它。玉米的涨势对我而言，无异于"温水煮青蛙"，它没有急速的拉升，也没有凶悍的回撤，涨三天跌两天的走势，还让你保持着一线回撤希望，最终这笔空头仓位浮亏越累越大，直至该合约流动性减弱，买卖价差不断扩大，无奈之下只得认赔出局。

很显然，我在玉米合约上的盲目摸索，并没有给我带来任何收益。

稍有盈利，跑得比兔子还快；账面浮亏，死不认账，在一线期望中将损失不断扩大。

这一明显的"赚小钱，亏大钱"策略，显然在期货操作中并不可取，如此取利，辛辛苦苦折腾无数遍赚的那点小钱始终无法弥补一两笔大幅的亏损。或许反其道而行之，理论上还值得仔细琢磨。

期货操作总是如此让人难以把握，如此多的参与者习惯于这种"赚小钱，亏大钱"的游戏手法，最终无一幸免。

事后的反思，我个人对这种做法的原因分析如下：

第一，博取短线利益是一种急功近利的操作方式，想要在极端无序的期货市场上频繁地获取这种快钱，无疑是很多参与者入市的初衷。带着这样的目的进入这个市场，赚点小钱自然会沾沾自喜，一旦亏损必将不知所措，在等待与期望中绝望。

参与者的入市初衷已经将自己置于兴奋与焦虑的情绪魔刀之下，赚点小钱即兴奋不已，积极备战以期继续博取蝇头小利；亏钱根本没有列入自己的计划，自然只能不知所措，犹犹豫豫让亏损不断扩大。

第二，壮士断腕何其难。

参与交易的目的很单纯，那就是要赚钱。亏钱怎么办？亏钱并不是交易的目的，甚至根本就没有考虑过自己会亏，因此亏钱的时候得忍，直到能赚钱时候才平仓。然而，事与愿违带来的只能是更大的亏损。

小的皮肤病不治，最终等来的只能是截肢。

第三，期货交易需要大智大慧，止损更是如此。

有的交易者风险意识高，只要反向马上止损，真是毫不犹豫。经过一段时间毫不犹豫地止损，资金会越止越少。没有原则地频繁止损将会加速资金的亏损。

有的交易者买进马上考虑到在什么程度一定止损，例如反向20个点，马上止损出局。然而等他看到20点反向时候，稍有犹豫止损出局，实际亏损已经到了25到30，甚至更多。

有的交易者看到行情反向总是犹豫再三，最终在犹豫中等来了行情的反向加速，结果总是止损于反向端点。

究其根源，止损的合理运用需要跟交易者的实际资金管理策略和交易策略完美结合运用。有缺陷的策略无论如何止损都将带来损失的积累，止损是个技术活，是成功交易者的资金不断增值的保护伞。

有段时间，一位据称只做日内短线交易的操盘高手来到我们部门交易。那时候我已经对短线频繁交易没有任何信心，也不再想琢磨如何博弈于无序波动的短期行情走势。

他的到来，无疑改善了我们部门的工作氛围。

"白糖做多必涨！赶快买进，赶快买进……"

"豆粕回调到位，赶紧买进……"

类似这样的噪音经常由他那块宝地散发出来。

我倒没怎么关注他提及的这些行情走势，但新进来的几个客户无疑很快成为他这些噪音的俘虏，没过几天便急切地跟着他一会买进一会卖出。

第二部分
2009年，全力以赴，如此这般为哪般

期货交易建仓可能是个简单的问题，可是出仓可就没那么简单了。究竟该止损出仓还是盈利出仓，恐怕不是很好控制的问题。

问题的关键在于，他在盈利出仓时显得很兴奋，会为自己的一笔胜利，哪怕是只有1个点的利润空间，而放大"喇叭"四处宣扬，更是乐此不疲地四处奔走相告，你可以想象这样的胜利号角会有多大号召力。

可是，止损出仓对他来讲，一直秘而不宣。有新手受其影响，跟单买进卖出，盈利的时候跟其一起兴奋庆祝，可是亏损的时候，得隔两分钟就去问他该不该止损。

他的具体交易结果如何，我们不得而知。只是这样的热闹场面，在我们这里并没有维持多久，两三个月之后，这位短线高手就不知去向。

后来听说他自己的资金亏损严重，不再做交易了，去其他期货公司转行从事经纪业务。

他或许是一种极具代表性的初级操作者，当他们赚钱时，会感到十分自豪，而且喜欢谈论他们的收益；当他们赔钱时，就会像受到惩罚的孩子一样，乖乖地躲避，极力去隐瞒自己的损失，他们的情绪时刻都写在自己脸上。

或许，依我来看，他这才真正找到了适合自己的人生定位。

期货市场上这种"只有正面，没有反面"的"单面纸"并不少见。你的跟单他做主，这样你能实现盈利吗？

频繁的短线进出与频繁地止损，无疑是将资金耗尽的最佳捷径。期货交易的成功需要交易者具有很强的气魄，能承担得起一定的损失，更得具有长远的发展规划，急功近利地忙进忙出，必将受到市场无序性的惩罚。

此外，交易者迅速地从一个赔钱的交易中脱身而出，可以使头脑保持清醒，并重建市场客观性，不再受不利行情的牵制，因此止损在期货交易中不可或缺。

关于成交价差的问题

成交价差无情地吞噬着交易本金,是最终实际的成交价与挂单时价格的差额。

常规型成交价差:由行情流动性引起的成交价差,场内经纪人在市场上报出的不同价格,即买入价与卖出价,这是一种合法的价差,市场流动性越好,成交价查就越小。成交价差是众多交易者为流动性所支付的代价。

价格波动型成交价差:当市场出于剧烈波动状态下,场内经纪人收取的更大价差。

犯罪型成交价差:由于场内经纪人的犯罪行为所引发,是一种不合法的行为,也就是市场上常提到的老鼠仓。

有效降低成交价差的方法如下:

第一,尽可能选择流动性好的品种;

第二,避免流动性差和波动过大的品种;

第三,选择在市场相对平稳时期进行布局建仓、剧烈波动时期出仓;

第四,运用限价指令;

第五,挂单时指明具体价位。

第五章　逆向持仓:侥幸扛回来,虚惊一场

市场上诱惑无数,就像走过一座金库一样。市场诱发人们获取更多收益的贪念,以及对失去已获得收益的巨大恐惧。贪婪和恐惧影响

第二部分
2009年,全力以赴,如此这般为哪般

了我们对机会和危险的识别。

——亚历山大·埃尔德(美国)《以交易为生》

自入市交易以来,我一直长期关注着几个小农产品的走势,其他品种尽管偶尔看看,但从未参与过。2009年3月27日,一个新的明星品种螺纹钢正式上市,不单单丰富了期货交易品种,更是改革这一资金密集型传统产业运行机制的一个大好契机。

由于我认识的一个朋友在北京做钢材的现货贸易,因此从钢材上线交易之后,我们之间沟通的话题又增加了一个共同点,无形之中参与钢材期货的交易也是个必然。自此我与钢材产业结缘颇深。

新品种刚上市,参与者都很谨慎,因此起初的三个月钢材行情平淡乏味,并未彰显其明星品种的魅力。显然参与资金的谨慎心理会因此逐步放松,南方梅雨季节刚到尾期,螺纹行情便逐步抬升,在4000整数关口徘徊良久,之后的突破势如破竹,短短一个月时间竟然飙涨1000多点,直逼5000整数关口。

显然,这样的上涨步伐已经将现货远远地甩开。我朋友没敢去参与这波上涨行情,但行情上4500之后,他认为已经涨得太离谱,期现之间价差已经足够大,于是我们商量着做空应该是个机会。

就在行情飞速上穿4500之后,我们的空头仓位毫不犹豫地一次性建仓到位,无论事前还是事后看,这样的做法对当时的行情走势,无疑有点像飞身去堵一辆高速疾驰的列车,不仅得让它停下来,还得让它掉头回去。

如此做法,不单单是难度问题,更是一个性命攸关的问题了。

当天收盘,我们账户上已经显示有不少的浮亏筹码了,但按期现之间的关系,我们坚信自己的做法没有问题,期货一定会下去。

关键是我们的忍耐性有多强。我朋友的资金重仓一次到位，当日浮亏都已经有10%多，行情万一再向上推，他该如何是好？尽管他嘴上讲没问题，可是从他那不安的表情中我能猜出他当时对此的感受。

我自己由于多数仓位用于交易玉米和豆类的短线行情，因此螺纹上大致也就占用了一成的资金，倒没觉得有什么不妥。

第二个交易日，行情直接一跃而起，跳出一个巨大的豁口，直接上了4800多，这相当于我们上一交易日建的空头仓位近乎全军覆没，关键是行情不见丝毫下行的迹象。尽管我的螺纹仓位很少，但毕竟在浮亏，也觉得比较难受。

我朋友那边可就没这么简单了。开盘没过多久，他就收到期货公司追加仓位的短信通知，几分钟后期货公司急急忙忙电话通知让上午收盘前必须将保证金补足，否则下午一开盘马上会砍仓。

近百万的资金，时隔一夜，全都化作乌有。

该怎么办呢？

六神无主之下，期货公司让追加就追加吧。关键是需要追加的不是个小数目。整个一上午我朋友就忙着筹措这笔需要追加的保证金了。好在上午终于把资金补进去了。

这一日，行情虽没上一日那么剧烈，但不见丝毫松动，直至下午收盘，我们一直煎熬着、关注着，更期望着螺纹放我们一码，出现快速下滑走势。但这只是一厢情愿的想法，行情并不考虑我们的感受。

完全受控于恐慌情绪，我们束手无策，又不愿认错，就这么坚守着自己的浮亏。

晚上，我们不得不仔细回顾行情走势，如此强势的行情，如此大的浮亏在手，明天该咋办？

尽管有点不情愿，但我朋友已经不能再承受更大的亏损了，否则会直接影响到现货生意。于是再三犹豫下，我们商定：如果再创新高，必须无条件斩仓！

行情怎会考虑我朋友的情况？

次日，开盘行情非同一般！

行情数字清清楚楚地显示，开盘价已经直接上了4900多，并且还在向上推升。我朋友没敢再犹豫，直接落荒而逃，一刀砍下去，直接砍去自己全部亏损仓位。

这三天，非同凡响！我朋友计划好的拿来交易的100万资金，再加上次日追加的保证金几十万，已经所剩无几！

行情似乎跟他开了一个巨大的玩笑，就在他砍仓出局之后没过多久，螺纹不再那么高傲，行情一路下滑，直至4800多收于日内低点附近，更加欲哭无泪的行情还在后面，从此螺纹再也没有能够再创新高，并开始了其漫漫下跌路，从哪里来的，还回到哪里去！一路跌至3600多，螺纹该合约的低值附近。

我自己的仓位较轻，一看开盘开得太高，也就没忍心去砍仓，觉得砍仓意义也不是很大了。典型的"死马当活马医"做法，现在回想都有点可怕。不过这也显示出参与者的止损措施、心理素质、情绪波动、交易策略等等一切与交易关联的因素，归根结底都将受到资金仓位因素的影响。

由图5可见，螺纹钢经过上市之后短短数月的盘整磨合，便开始酝酿上扬行情，从7月初突破4000元整数大关之后，短短1个月时间飙涨至4982至高点，之后8月的行情急转直下，显然下跌的过程堪比上涨的经历。行情无常，市场无情，我朋友看对了方向，但重仓参与，结果被逼到至高点而逃。

我的这一侥幸犹豫给我带来了09年度最为可观的一笔收益，但也将我拖入一段离奇的卡奴生活状态。

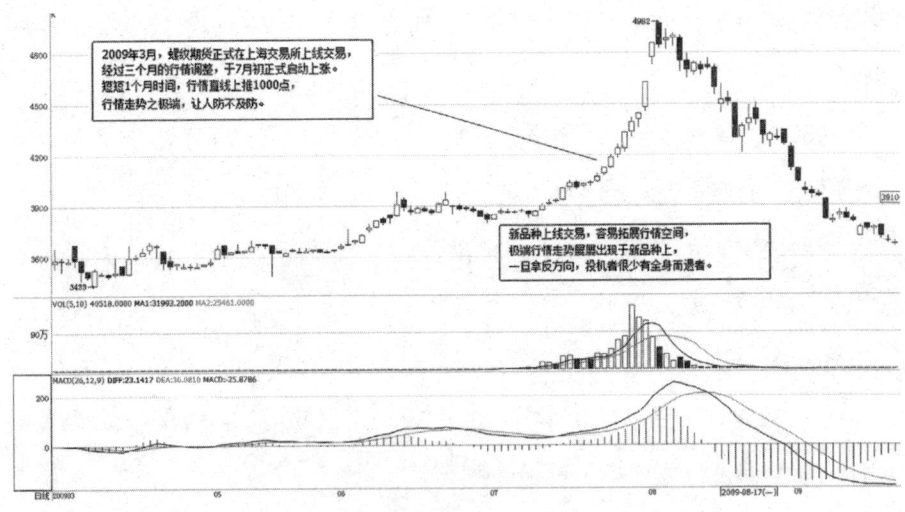

图 5　螺纹 2009 年走势图

这波螺纹行情涨起来快,跌起来似乎更猛。短短一周之后,我的螺纹仓位不仅扭亏为盈,而且已经有所盈余,此时的螺纹现货也有所松动。既然期货现货一致看跌,何不狠狠地捕捉一把行情?

怎么狠狠地捕捉行情?就拿手里这不足十万的本金,即便满仓做空也没多少油水啊!

多角度、多渠道融资是不二之选。我将能想到的融资渠道方式仔细整理一遍。

第一,融资贷款:出点成本没啥关系,关键是得能赶上捕捉到这波行情。经八方打听,这条路对我来讲不太现实,需要抵押物不说,关键是时间周期不划算,根本赶不上这波行情。

第二,无抵押贷款:这类公司当时不是很多,关键是收费成本太高,资金倒是会很快到账。几经打探,觉得实在不划算,只能放弃。

第三,亲朋好友借款:这个方式可行,不过亲朋好友里也没有十分富有的,再者都是刚成家立业,买房置业、养老哺幼已经是很大负担,手里

都没几个钱。也没敢说明要投期货，找个理由，在朋友圈里逐个借了一圈，总算凑了十余万资金。

第四，信用卡套现：这个渠道太特殊，但当时只是一心想着赚钱，也没顾及太多，只想别错过这波行情。我手里办有好几家银行的信用卡，有的都没有开卡用过，有的是银行人员让帮忙完成任务办的，这下都派上了用场，合计有100多万的信用额度可用。

这一回，运气明显又倾向了我这边。因为当时我根本没有十分成熟的交易系统，这么入市交易更没有制定止损计划。只是凭借着感觉期货现货都在跌，再加上粗略地看看技术指标还算配合，就稀里糊涂地凑集了一个整数100万资金，基本是满仓杀入做空螺纹钢，当时记得很清楚，螺纹钢即将跌破4200，我在4200上方将空头仓位全部建仓到位。

或许是时来运转，好运该轮到我身上了，这一次建仓之后，螺纹钢的行情竟然再也没有回到这个位置，竟然连续数天下滑，远远离开了我的建仓区域。

也不知为啥，突然携带这么多资金进来重仓交易单一品种，当时竟然没有一丝恐惧。事后多次回想，都觉得后背一阵发凉，万一当时行情极端上扬，我该咋办？

总之，只能归功于行情的照顾，让我侥幸在重仓建仓之后，行情马上顺势大幅度运动，快速带来的巨额利润，使我沉浸在盈利的喜悦之中，情绪已经完全控制了我，我被胜利冲昏了头，亏损的概念已经被抛掷于九霄云外。前些天，我朋友重仓交易惨亏的教训已经被遗忘殆尽。

无论如何，这次算是财神保佑了。此时我并没有系统的波段交易计划，盲目加鲁莽撞上了大运，短短一周之后，行情即跌破3900，账面盈利迅速膨胀，我持有的是10月合约，已经将近8月末，流动性眼看逐渐缩减，只好陆续平仓。本来计划着赢利之后陆续平仓，尽快还清借款和信用卡，但面对账面财富的快速增值，思量再三，转而决定先还清借款，信用卡可以再过段时间来还。

这一决定，为我后市参与交易留下了巨额的赌资，也无限拓展了我的交易品种，实际参与的品种不再局限于之前那几个小农产品了。

螺纹一战，短短数月，让我经历了由极度恐惧转为极度兴奋状态。我朋友看对了大方向，但在这条跑道上抢跑一步，短短三天将他彻底地清理出这个市场，之后他偶尔看看行情，但再也没有参与交易。

我的侥幸和运气为我赢来了后市交易足够的资本，但我还不具有保护好这些资本的能力，"纸上富贵一场梦"，我赔进去的速度只比赚回来这笔财富的速度稍稍慢那么一点点而已。

螺纹这波上涨行情来得突然而又迅猛，很多现货商从未见过如此走势，走出如此极端行情自然会有很多人想究其所以然？

成规模行情的出现一定要有资金的密集关注，这是不争的事实。

事后的道听途说，不少人传言："沙钢集团由于将所有套保仓位都建于自有账户下，然后整个交易头寸暴露于市场，其他多头资金趁势逼沙钢平仓。沙钢的建仓价位大致在4500左右。"

如果说一定要给市场行情个说法的话，或许这个理由不无道理。沙钢集团作为国内最大的民营钢厂，积极参与期货市场理所当然，如若集中大笔头寸于自有账户定会被暴露。但是被逼仓，理由显得有点勉强，如此大的钢厂很难将仓位一次到位，如果沙钢想在4500左右将所有套保头寸布局到位，那么4500附近的行情走势将很难直线上扬，同时4500附近需要突增很大的仓位扩容方可实现，但由螺纹合约的行情走势可见，突破4500之后的螺纹势如破竹，根本没有任何喘息的迹象，便直奔4900多。

加速上涨的行情会给钢厂带来更大的套保价值，这样的话，现货上会

第二部分
2009年，全力以赴，如此这般为哪般

很快出现暴利，期货上卖出自然是不二之选，那么沙钢将大受其益。

很明显这样的上涨理由推究于沙钢被逼仓值得思量，至少稍懂期货实盘操作的人应该能够明悉其理。或许是某些期货公司期望沙钢分仓而散布的小道消息而已。

我在这波螺纹巡回行情中，由忧转喜，收益不浅。后来我得知，一个钢材贸易商与我的境况恰恰相反，他在行情上扬至4500多，大举买进，总计买了2000万的多头，而且浮盈还继续加仓买进，短短两三天账户已经资金已经翻倍，但资金回撤的速度显然比增值来得更快，一周之后他账户亏损不少，之后发誓再也不碰期货。据说行情波动太快，年龄大了，心脏有点受不了。

期货市场无疑是重仓参赌者的火葬场，侥幸的一两次得手会让你财富暴增的同时赌性迅速膨胀，频频地重仓出击，一次失手即可全军覆没，实在得不偿失。

第六章　逆势加仓，你能坚持到什么时候

"投机者的主要敌人总是潜藏在他的内部自挖墙脚的，不可能把希望从人类的天性中割除，也不可能把恐惧从人类的天性中割除。在从事投机时，如果市场运行对你不利，每一天你都希望这是最后一天——盲目听从希望的摆布，不接受最初的损失，到头来，亏损反而变本加厉。"

——杰西·利弗莫尔《股票大作手回忆录》

利令智昏，期货市场上尝到甜头之后，总能给人一种飘飘然的感觉，或许这是多数新手获利后自然产生的一种感觉。这种情绪的出现往往伴随着随意性的增强与贪婪之心的膨胀。

螺纹钢上侥幸赢得一笔可观的收益之后，我的投资范围迅速扩展，几乎涉及了所有期货活跃品种，每个品种都是匆匆忙忙地进出，稍有盈利就担心回撤会把它吞回去，急急忙忙平仓核算盈利；稍有浮亏，就变得不知所措。毕竟此时的我，手头上有一笔可观的参与资金，每日盯市操作，仓位自然是不轻，市场的轻微波动就能让资金上下巨幅摆动，甚至有数次，因轻微的市场行情照顾，账面利润快速增长，特意招呼几个朋友出去隆重庆祝；市场的忽然反向让我变得手忙脚乱，甚至挠头搔耳，恨自己没有及时撤出。

很长一段时间，情绪化完全控制着我的交易进程，冲动是魔鬼，交易结果也就可想而知了。这段时间的折腾让我眼花缭乱，明显感觉近视程度又有提升，身心异常疲惫。几乎同时涉及十余个品种的交易，更是乱作一团。

这种方式明显不是实现稳定利润增长的途径，摸索了两个月左右，带着显著的亏损纪录，我坚决放弃了这种天女散花式的投资方式。

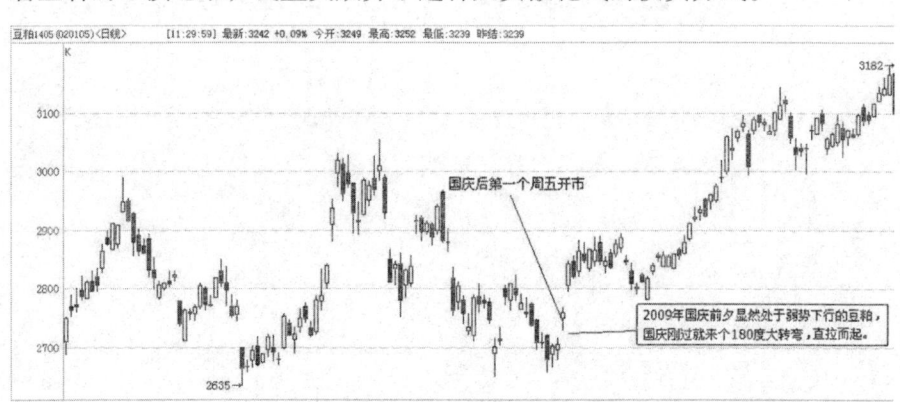

图 6　豆粕 2009 年国庆前后走势图

第二部分
2009年，全力以赴，如此这般为哪般

由图6可见，豆粕行情在2009年国庆前后宽幅振荡，快涨快跌的走势出现得频繁而又迅猛，稍有不慎，都将损失惨重。

我在国庆前的宽幅振荡洗盘中，频繁地短线进出，被洗进去不少筹码；国庆之后的行情更加凶悍，节前浮亏的空头仓位不忍心认赔出局，已经犯下了大错，更加严重的问题在于，行情一路上涨中，我不断地摊平成本，空头仓位一路增加，最终没能击败市场，损失惨重。

豆粕合约自然是属于这一系列冲动交易的重点目标之一，这段时间的豆粕行情根本不亚于我的情绪波动，上蹿下跳，异常活跃。我对这种行情走势显然没有把握去博取利润，但又在积极参与着，期货的魅力此时此刻可见一斑，不是赌场胜似赌场，每天的冲动性交易比抽烟、吸毒都难以戒掉。

国庆前，我的交易显然不存在任何策略性，手持重金时刻渴望着捕捉行情的短期诡异变化，行情稍微有所抬升，我就猛地扑上去，追随上涨走势；行情稍微有所松动，我就转手做空，生怕空头甩我而去。

由于行情经常出现突然的反转变化，生怕下的指令不得成交，我特意研究了很久反手成交系统，这也为我的快速亏损增加了很大砝码。

反手成交是一般期货交易软件都带有的一种交易系统，只要投机者选定好已有的持仓合约，然后对应地点击"反手"键，所有持仓会自动马上反手成交，即原来的多头持仓马上按照当时的市价转为空头，原来的空头持仓则按市价转为多头，这种几乎不计成本的追随市场短期波动做法，成本之高令人难以想象，手续费自然不在话下，点差是所有市价交易指令必须承担的一个较大成本。通常情况下，成交价会比预期的价格不利三四个点，遇到短期很极端的行情，几十个点的点差瞬间出现，这样的反手带来了巨大的点差损失，亏损就会是必然结果。

经历了反手交易点差的洗劫，让我对市价成交异常畏惧，自此基本放弃了选择市价成交方式，无论行情如何极端，我都不再使用市价成交。

散户严肃于随波逐流，职业操作严肃于策略执行。

偶尔获取的蝇头小利根本无法弥补频繁交易带来的损失，绞尽脑汁的改善交易策略，收到的始终是换汤不换药的无效结果，情绪始终随着行情上下起伏，我被这种交易方式折腾得筋疲力尽。

国庆前夕，追空建立的一部分仓位，由于反弹速度太快，再加上大势依旧处于弱势中，不忍心平仓，只得留待节后处理，这一等，等来的不单单是资金的损失……

国庆长假期间，整个人都"身在曹营心在汉"，时刻惦记着那点持仓节后会有异动，造成大的损失。出去旅游都感觉玩不出兴致，始终提不起精神来，后来只得买几本书来消遣时光。

国庆刚过，第一个开盘交易日恰逢星期五，累计了多日的能量，外盘在此期间已经有很大的涨幅，豆粕品种在这种情况下，只能跟着外盘走势大幅跳起，留下一个巨大的缺口。

你越怕什么，就越来什么。

账面浮亏迅速拉大，面对如此亏势，我实在不忍心砍仓，还寄希望于行情后市能走出像节前那样的宽幅整理局面，哪怕稍有盈利，我一定马上平仓。

这一等，等来的却是星期一的又一大幅跳空高开缺口，账面浮亏再度加速扩大。我相信，为此我做出的是期货操盘中最致命的错误决定，那就是为我的错误持仓均摊成本！

不忍心砍掉错误的持仓，已经是一大错误，接下来为了等待期待着的回调，我决定等距离预算加仓空头，真是错上加错的一个决定！那就是豆粕每上涨100多点，我将增加一部分空头仓位，我能加到什么程度，没有任何预算，总之这次我不能认输，一定得等到市场回调。

第二部分
2009年，全力以赴，如此这般为哪般

行情就像故意在与我作对，之前的宽幅调整走势再也没有等来，我的每次加仓都会带来行情的快速拉升，直至连续加仓三四次之后，我的账面浮亏越累越大，起初建立的仓位已经全交给了市场。

面对资金的快速亏损，我还希望自己能扛得下去，但一连串的亏损已经让我的资金缩水很多，寄希望于遥遥无期的事已经不太现实。

此时，我还将面临一个特殊的问题，信用卡需要还款。

我的部分资金出自于信用卡，每隔一段时间必须得先还上，再想办法拿出来用。这也是造成我忙碌于日内交易的一大因素，时不时地还款，根本无法规划作长线投资，只能考虑获取短期利益，见好就收，但是不成熟的操作策略和极端情绪化的操作方式，带来的只能是"赚小钱、亏大钱"的结局。

最终，豆粕的仓位累加到让我连续数日彻夜难眠，电脑得整夜开着，隔两分钟就得留心看看外盘豆类的走势，生怕外盘豆粕再次飙升，把我那点资金一吞而光。

行情根本丝毫都不会考虑我的感受，它不管不顾地慢慢爬升。我只能默默祈祷市场能如期回归。

与其祈祷不如行动，与其犹豫不如止损！

这一战，我被市场彻底击败，螺纹上赢来的那点利润已经多数交给了豆粕市场。我的止损显然来得太晚太晚！

无论如何，学会接受失败等于向成功迈出了第一步。

数月前，螺纹上的大胆出击给我带来了巨大的利润，满以为我在期货市场上的学费已经交足，该到我大张旗鼓的时候了，然而，命运之神并不总是让你来决定交多少学费。我赔进去的速度仅仅比赚回来的速度稍微慢了那么一点点。

逆势加仓，期货投机者最愚蠢的做法

在市场每一次"多"与"空"的大潮中，总会有因逆势而成功或失败者，侥幸的成功无疑为参与者埋下无尽的恶果，惨痛的失败才会给予参与者最深切的教育。

我的豆粕逆势加仓无疑是最典型的例证。面对一波气势恢宏行情的到来，我对之采取的措施却是最不合时宜的累加亏损，死不认输。当时主要的想法就是不愿意赔着出来，当亏损头寸越累越大时，更不愿止损认输，无形中有一种跟市场一较高低的念头，不相信市场会无休止地这么发展下去。

逆势加仓是多数手握重金交易者的滑铁卢，更是期货市场最惨重悲剧的生产车间，但正是这样一种最可怕的操作策略，却在期货市场参与者中，屡见不鲜。

2010年春节过后，螺纹钢的行情强势上涨，主力合约直逼4900高位，经过多次拉升振荡之后，行情的下行来得很快，根本不给多头持仓以喘息的机会，高位加仓买进者大批被套。

在天津钢材市场，我们碰到一位在高位建仓买进的投机客，他当时的螺纹钢持仓比例还不算很重，但账面亏损已经让他不知所措了。寻求我们的操作建议无疑是一个不错的选择。

尽管我自己已经从事多年的交易，但还没有指导过客户交易，再加上自己的实际交易水平也一团糟，因此我将此重任转交给我们部门的专业分析师江老师。

江老师显然是一位坚定的看多者，据了解，他在春节前的螺纹上涨行情中，预测相当准确，曾在几次大型会议上坚定地看多，赢得了不少钢贸商客户的认可。他的核心理由是，房地产市场在蓬勃发展，钢材需求只增不减，地产商不缺钱，钢材再涨也有大批需求。

第二部分
2009年，全力以赴，如此这般为哪般

因此，面对天津这位客户的急切求助，江老师给出了很充分的理由，详细罗列了一大堆看多的理由，基本是给客户吃了一剂定心丸。

既然理由如此充分，看多后市不成问题，那么，客户就应该继续买进。江老师建议客户加仓买进，将持仓成本拉低，根本没有提示止损概念。此时的螺纹行情已经从将近4900的价位滑落至4700附近，形成一个小型的平台盘整，客户也很是听话，大笔的加仓将持仓成本直接拉低不少，合计螺纹持仓达到了70%多。

4700的价位根本没能坚持多久，没过几天，螺纹大幅滑落，直奔4500去，万分焦急的客户急寻江老师的帮助，江老师显然对此也束手无策，但还在坚持自己的看法，他的观点依旧是行情不可能跌下去的。

江老师答应下来帮忙找找究竟是什么原因，但他对行情的看法显然还在固执己见。

行情根本不等你去找出究竟为什么？

螺纹继续加速滑落，客户带着巨大的亏损无奈地认赔出局。后来再也没有听说江老师给过这个客户任何解释。这波行情的终点站停在了3886的价位，螺纹钢才真正见底。

我们无从知道江老师的高位目标在哪里，但这么大幅度的下跌行情，显然不能说是一个行情的回撤。

一厢情愿地期望行情符合自己的预期，过分地倚重于市场预测，再加上不断累积加大的亏损头寸，最终造成了无数期货投资者的惨重亏损。

浮亏加仓，无异于让小的皮肤伤不治，最终恶化为截肢的恶果。

无数投资者面对亏损死不认账，侥幸等待行情的回心转意，这种一厢情愿地抱定亏损不放松，先不考虑其造成的资金显著损耗，而且对资金的利用率显然是成问题的。

浮亏加仓即便投资者有无限的资金实力，操作起来也未必有能力全身而退。有时候行情会出现很极端的单边走向,直到该合约完全失去流动性。这样的浮亏累加无异于自取灭亡。

当风险扩大之际,交易者普遍会被复杂的金融风险中普遍存在的厌恶情绪所席卷。孤注一掷地跟市场作对,最终都将让自己伤痕累累。

第七章 寻求刺激,期货市场无疑是代价最为昂贵的地方

> 恐惧和贪婪,这两种传染性极强的灾难的偶然爆发,会永远在投资界出现。这些流行病的发作时间难以预料,由它们引起的市场精神错乱无论是持续时间还是传染程度同样难以预料。因此,我们永远无法预测任何一种灾难的降临或离开,我们的目标应该是适当的:我们只是要在别人贪婪时恐惧,而在别人恐惧时贪婪。
>
> ——沃伦·巴菲特

自专职从事期货交易以来,转眼已经将近一年时间,回顾自己的战绩,可谓惊心动魄,除去侥幸在螺纹钢上扛过一次顶部的洗劫,之后纯粹赌博式地获得一笔不菲的收益之外,其他品种频繁地进进出出,总体上亏多赢少,资金损耗十分严重。

市场无疑是交易者最公正的老师,正确将获得奖励,错误将得到应有的处罚,只是这位老师的眼光过于犀利,哪怕你有一丝一毫的错误,都将

第二部分
2009年，全力以赴，如此这般为哪般

被他很快发现，并做出最及时果断的处罚。

临近年底，我显然不乐意自己整天全力以赴地忙碌于交易，最终以过山车般的结果走走过程而已。为了争取赢得一些收益，也给自己年中获得一些红利兑现，我将目光转向了波动性能更加活跃，日内行情相对较大的塑料品种。

遗憾的是，我对这个品种的产业状况丝毫不了解，只得依靠一些技术性信号来处理交易。

期货市场从来不会因你有什么想法而给你一些补偿，仅仅为了增加年内的收益，又没有任何实用有效的策略来执行，最终的结果可想而知，带给自己的只能是更大的麻烦。

我有十分充足的时间来盯盘，如果不追求短期相对高的收益，相对来讲，这些时间岂不有所浪费。

这次在塑料上的操作策略，我又有了新的交易手法，不属于我个人的发明，也记不得是哪部著作里面有过这样的技巧讲解。

针对日内行情相对活跃的品种，短线进出可以参考三分钟或五分钟K线，再结合10日均线进行交易，行情由下上穿10日均线，即可买进；行情由上下穿10日均线，即可卖出。

从理论上讲，这是一种严格围绕行情穿越均线系统下单的交易策略，买卖指令十分客观，而且可以实现定量化精准操作，根本无须顾及行情大势方向，是一种异常简单明确的获利方式。

我期望完全将这一交易方式移植到塑料品种上，尽可能地为自己创造更大的效益。

由图7可见，2009年底的塑料行情方向十分明确，单边上涨的这波行情，相信能给很多交易策略成熟的参与者带来很大的收益。但我极力追逐于短期的行情波动，频繁地进进出出，结果无功而返。围绕十日均线的交易策略，

图 7　塑料 2009 年走势图

经过这段时间的验证，根本没有实用价值。

年底的最后两个月时间，我基本将交易重心都转移到了塑料合约上。这段时间，我的全部交易时间都花在紧盯电脑屏幕的闪动上，生怕错过任何一次 10 日均线的行情穿越机会。

有时候，行情穿越 10 日均线之后，便再也没有犹豫，扬长而去，无论涨与跌，对我来讲，这都是我最喜欢的走势，也能够实实在在地给我创造效益；

有时候，行情穿越 10 日均线之后，很快便又重新跨过 10 日均线这边，短短 1 个小时，能来回走好几遍，我的账面资金将会被来回的进出迅速侵蚀，这无疑是我最担心的走势；

有时候，行情穿越 10 日均线之后，远离而去，但隔两三个小时，又回归甚至跨过 10 日均线，这样只能无功而返，甚至还得少缴一些学费；

有时候，行情穿越 10 日均线之后，我的仓位刚刚建好，行情跟捉迷藏似的，迅速而又猛烈地回撤，止损根本来不及，等到真正止损平仓时，已经亏损几十点进去。

偶尔几次的大幅盈利并不能弥补频繁进出和偶尔的大幅反向运动带来的亏损，显然这样的交易策略在理论上是完全可行的，但实际操作起来难度极大。

一方面是资金管理策略的问题。不同的资金管理方式在这样的交易方式下，实现的收益情况差异极大，重仓交易者更是很难有长期获利的可能性。

一方面是交易执行力度的问题。快速波动的行情会带来很大的成交点差，时刻极力追寻这种无序波动中的交易机会，偶尔出现的点差无疑会侵蚀掉很大的资金头寸，如果遇到极端的行情，瞬间即可让参与者遭受重创。

近两个月的实际交易结果，与我的理想预期谬之千里，显然这不是我想要的交易策略。时时刻刻盯盘操作，让我感觉心力交瘁，精神状态异常差，总感觉眼花缭乱。有如弹簧般的行动，更是时刻牵动着资金变动。

细细品来，这纯属是一种换汤不换药的短线急功近利方式。

期货交易中的错误方式，数都数不尽，每一个错误的变异衍生体，更是星罗棋布，无穷无尽的错误方式，让多数参与者都将损失惨重。

生活中被同一块石头绊倒两次，已属愚蠢至极。可是，期货交易中被同一块石头绊倒数次，依旧无解者比比皆是，甚至不乏混迹多年的交易大师。

期货交易者对微小的错误，都不具有免疫能力，想要解决这些错误也并非一日之功，因此在错误中摸索，在犯错中试错，或许是多数交易者的交易状态写照。

只要是错，交易必将付出错的代价。

屡犯大错，交易将根本没有机会长久；

小错不断，大错不犯，交易者将有机会在错误中侥幸生存；

小错渐减，大错不犯，交易者将有机会赢得更多。

那么，什么是大错？

依我个人的观点和经验所见，无非如此一些做法：重仓交易，逆势累加，逆势建仓，频繁进出等。

这些错误似乎耳熟能详，但任意一条都能在短时间内让参与者付出惨重代价。

那些小错会时刻不断地伴随交易者的交易进程。如果期货操作是一场考试，那么，这场考试将不会有满分的出现。如果有的话，那么这个满分获得者将很快拥有全世界的巨额财富，让李嘉诚、比尔·盖茨、沃伦·巴菲特等世界富豪望尘莫及。

有些错误会由于我们的认识问题，始终潜藏于参与者的交易系统里，不经意间这些错误会给参与者带来不小的损失。有些错误是交易者很难靠自身发觉的，会延续很长时间一直错误下去。

犯下的错误会累积，获得的成功会消失。期货交易永远都在对与错之间博弈，没有中间值。对想要战胜错，需要交易者付出很多。

聪明的交易者将不遗余力地发现自身的错误，并极力避免再次犯同样的错，更加职业的交易者将毕生致力于解决自身遇到的各种各样的错误，从自己所犯的错误中不断汲取教训，进而转化为将来的盈利。

所有这些反反复复成功和失败的操作模式，都是交易者参与市场的宝贵经验积累。

没有人能够把握住所有的涨落。交易者越是急于弥补亏损，越是容易引发或扩大一些潜在的小错误，引发情绪化交易，实际亏损将会变得更大。对错皆已过，交易者一定要抛弃以前的影响，全力去研究未来的机会，机会才会对你有所眷恋。

我对塑料市场的参与，显然是期望快速弥补之前造成的亏损，以期给自己一个较好的年终总结。这种情况下，没有造成重大亏损已属万幸！

无论男女老幼，但凡抱有快速发财梦想的，都难避免被市场鱼肉的

第二部分
2009年，全力以赴，如此这般为哪般

下场。

通常，探究自身失败的原因是件很痛苦的事。交易者真正遇到麻烦，总喜欢习惯性地怪罪于他人，推说运气不好或找其他理由，总之"归因于他人，归功于自己"是多数凡夫俗子的共性。

很长一段时间，我为国庆之后迟迟不能盈利找到了一条看似合情合理的理由。

早在我刚辞职之后不久，一个同事跟我借走两万元钱，当时他是为了缴房租要临时周转两个月，说好的两个月到头一定还我。可是别说两个月时间了，已经过了国庆，将近一年时间了，还款之事根本杳无音信。

我只好联系催款，这一催倒好，他早已经换了联系方式，根本联系不到，原来的同事也没有他的最新联系方式。

后来终于打听到一个同事认识他家的一位亲戚，几经周折，终于取得联系。

他那边可能是确实没钱，但他也没给个准确还款时间。此时的我正因豆粕逆向加仓而备受折磨，全力以赴转向操作以来，也没有其他经济来源，因此我只能催着他，他那边就跟我捉迷藏似的，有两次他都说已经到银行准备给我汇款，再联系就已经关机。

最后，好不容易又联系到他那位亲戚，带我晚上去找到他。

原来他早已换工作，客厅堆放的两个纸箱里面几乎塞满的彩票隐约能说明一个问题：他在重手赌彩票！

后来他父亲替他还了我那笔借款。

无独有偶，就在我操作螺纹钢账面大幅增值之时，一个高中同学跟我借走两万元，解决生意周转之用。这笔款一用就是好几年，想催回来更难。好在后来没感觉影响到我的交易。

不成熟的交易策略带来的只能是不断的亏损，生活中的琐碎小事更容易点燃交易者情绪化的火焰,事后造成的亏损也可以完全归因于此,这种不从自身内部找原因,而是推脱于外的做法将很难让交易者取得进步。

如果真是生活中的琐碎小事会如此大地影响到交易,那么,真正好的交易者将很难找到,毕竟每个人都难以避免面对一些日常琐事。

为亏钱而找理由纯属浪费时间,对交易进步没有任何价值!

塑料交易的无功而返令我遭受了自我怀疑的折磨。专职从事交易以来,我全力以赴地进行交易,但得不偿失,总体状况越来越差,偶尔的盈利却又来得十分侥幸,临近年关,我后市是否能实现盈利?这个大大的问号,一直在我头脑中萦绕。

我只得让自己休息一段时间,来调整很不平衡的心理,顺便迎接2010年元旦的到来。

第三部分

2010年，为一年十倍，自信赌徒终得自食其果

第三部分
2010年，为一年十倍，自信赌徒终得自食其果

资本市场最大的魅力在于风险的不确定性，投资的最大风险并非市场价格波动带来的损失，而是我们对自己所做的并不了解，真正的风险根源在于交易者。

带着一种憧憬与兴奋，2009年一头栽进期货这个市场不能自拔，几经摸索，尝遍各种交易方式，有侥幸而得的意外之财，也有不断增加的学费，最终我意识到自己这种"闭门造车"的方式很难给自己带来实质性的稳定收益，于是决定走出去，到期货市场上找寻盈利之道。

据实而论，此时的我击败市场的唯一方法就是做一个经纪人。

2010年春节前后，我换了一种方式来了解期货，入职期货公司去找寻那些真正盈利的客户都有什么样的独门秘籍游刃于期货市场。此后，期货市场上那些生动而新鲜的故事接踵而来，丑小鸭变白天鹅，宝马车主变自行车主，妻离子散显苍凉，纵身跳楼为哪般？

期货市场的魅力何在？

在这里，财富主宰着一切！财富的变化反映着你的交易水准。

交易者接受的是市场教育，必须从实战中学会交易。当市场教训你的时候，棒子打下来从不留情。我的2010年，换个角度继续学习期货，为我节省了不菲的学费……

第八章　瞬间翻倍，短线交易魅力极致展现

　　世界经济史是一部基于假象和谎言的连续剧。要获得财富，做法就是认清其假象，投入其中，然后在假象被公众认识之前退出游戏！

　　凡事总有盛极而衰的时候，大好之后便是大坏。重要的是认清趋势转变不可避免。要点在于找出转折点。

——乔治·索罗斯

　　期货市场是聪明人的搏击场。大多数人都自认为比别人聪明，尤其是各行各业的成功人士，携带巨资进来参赌，结果却一个比一个下场惨烈。

　　2009年全力以赴地参与交易，结果完全坐了一趟"过山车"，从哪里来的，还得回到哪里去。

　　经历这一年的强化训练，市场洗礼，无形之中，我对期货的谨慎度已经有所提高，但仍旧没有找到适合我自己的盈利策略，还在给自己开着"换汤不换药"的方子——追逐短线收益。

　　元旦前后，我给自己休整将近半个月时间，开盘时间有时也看看盘，但就是没兴趣再参与进来，盘后则抽空翻阅一些相关书籍，给自己补充点知识营养。

　　这一天，给我的记忆异常清晰，久久不能忘却，多年来时常回想起来，总有一种难言的成就感涌出。

第三部分
2010年,为一年十倍,自信赌徒终得自食其果

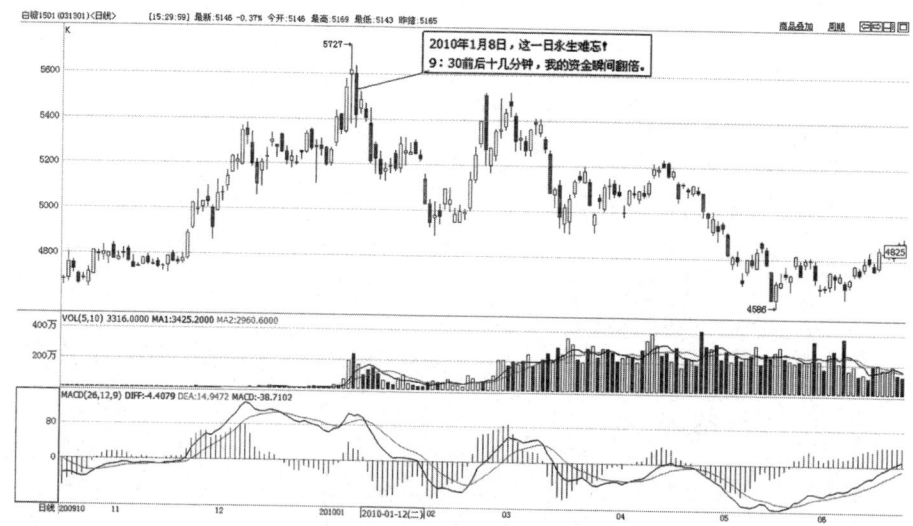

图 8 白糖 2010 年走势图

由图 8 可见,2010 年 1 月 8 日,星期五,白糖行情出现一个巨大的阴跌 K 线,跌势之猛,出人意料,让我充分体验了期货带来的财富魅力。兴奋之余,我连续给自己休息十几天,回来再看行情时,白糖已经今非昔比,更大的跌势全在后面。

即便是停走的钟表,每天也会有两次显示正确的时刻,这一次我恰巧撞上了其中的一次,真是精妙绝伦!

近期白糖市场的走势似曾相识,行情出现的一些特征似乎很符合一些技术分析中讲到的某些特征。很难让人太具体地描述,但我基本可以理解为,白糖行情即将见顶,后市下行概率大增。

1 月 8 日,上午白糖的开盘价显得行情依旧十分强劲,直接高开 3%以上,之后的几分钟,行情继续上扬升至 4%左右,但资金力量显得不是十分配合,行情位于 4%左右横向整理着,似乎在等待什么……

如此短时间内能直接涨这么多,显然与我的预判是出入很大的,但诸多特征的反应又在印证着我的判断,行情维持至 9∶20 多,逐步出现下滑迹象。

当时，我的交易状态还处于元旦调休期间，手里一手持仓都没有。

此时此刻，满仓的资金毕其功于一役，我满仓做空白糖强行抢进来。

令人兴奋的时刻即将出现，时间还不到9:30，白糖行情很是配合我的进场，也可能是受国内大盘开市行情的影响，白糖瞬间加速下跌，速度之快、跌幅之深，令人难以预想。

几分钟后，眼看快要触及跌停板，我将所有持仓设置在跌停价平仓。

很快，行情稍有凝滞于跌停价，所有持仓全部成功平出，事后查看到准确时间为9:37。大幅的盈利资金已经全部记入我的账面，迅速膨胀的账面资金，并未阻止我的继续操作，就在这个跌停价上，我又迅速抢进，满仓反手买入白糖，显然此时此刻白糖的实际行情与其均价之间的乖离已经存在将近5%的价差，即便白糖封死跌停板不动，当天结算下来我将再次获得50%的收益。

白糖的行情似乎看见了我买进的动作，所有买单刚刚成交，行情快速拉起，直拉至-1%左右，此后在这个位置行情出现犹豫，我将所有买单全部平仓，准确时间9:44。

短短不到20分钟时间，我的总体资金翻倍还多，兴奋之余，我不再看行情，关掉电脑给自己放个假，出去泡个温泉以解兴奋带来的激动情绪。

人说期货是个一夜暴富的舞台，可我的这笔财富来得何止一夜，那仅仅是瞬间的一桩小事而已。

此役让我内心久久不得平静，经常回想起那一幕来，那种兴奋之感油然而生。

接下来的十多天，为平静兴奋的情绪，我又让自己连续休息了十多天，这一次才算是真正的过节。

事后多次回想，当时我的交易是多么胆大！在白糖开盘还很强势的情

第三部分
2010年，为一年十倍，自信赌徒终得自食其果

况下，敢满仓做空单一品种，万一遇到极端反向行情，真不知道我的下场会是怎样？要知道我的资金里面有不少来自信用卡啊。更加大胆的是，自己判断大势即将下行，还敢于在跌停板上满仓买进，万一封死跌停板，连续封停几天又将如何？

事后多次回想起来，都觉得浑身凉飕飕的一股冷风随即而来。满仓日内交易单一品种，这绝对是我的第一次，也是最后一次，此后这种交易方式将永久地从我的交易策略中清除。

事后得知，当天的行情走势，多数品种都出现了跟白糖很雷同的形态，由于国内股市大盘开盘便快速下滑，引发了投机者的恐慌情绪，抛售压力异常之大。

当时，我的一个同学手里持仓有一部分豆油仓位，开盘时间没空看盘，结果等他后来登录一看，已经亏损惨重，行情整体180度大转弯，让人防不胜防。以他从事交易近十年的经验，总体风险还是可控的，只是这一亏，不知又得多久才能补回来。

时隔半个月之后，我的心情稍稍平静，重新回到市场，这才发现白糖行情已经跌破5000，而我当时交易是在5600左右，我明明分析到了这波下跌行情，但我没有能力把它拿下来，哪怕是其中的一个部分，滔滔江水我仅仅舀取了一小瓢。

我对自己的再次侥幸获利，已经感到万分幸运，显然，我对后市继续在市场上稳定获利毫无把握。但这一侥幸让我依旧留恋于短线交易，总希望哪天能够再如此复制一把。

这一年多以来，我一直在琢磨市场，不断摸索、不断碰壁，所缴学费显然有些过大。临近春节，几经反思，我决定走出去，到市场上虚心学习一些成功的操作经验，这一决定着实为我节省了更多的学费成本，期货圈里更多惊心动魄的财富故事源源不断而来。

现实生活中确实存在这么一个奇怪但又千真万确的现象：你越是接近市场，你就越难发现它的愚蠢。转行期货经纪业务之后，很多客户近乎愚笨的操作方式，很多时候在我这个旁人眼里，着实感觉不可思议，但当事人依旧执迷不悟。或许，在我闭门造车的一年中，更加愚笨至极。

如果你是拿你不能输掉的钱来冒险，那么，交易中的所有的感情缺陷都将被扩大，必将成为个人不可承担之重。

手里有钱，心里不慌。借着这一日瞬间增值带来的财富，我及时将所有信用卡欠款都补上，以后不到万不得已，也就不再考虑这条资金通道。频繁地资金进出，会打乱交易者所有的交易策略。期货交易风险不同寻常，参与者绝不能冒无法承受的风险，否则，身败名裂只是早晚的事，这里涉及的不单单是能力与信心问题，更关键的在于信用问题！

这一日对我来讲，意义非同一般，人生若能常如此，何愁之有？

此后连续两年，我都密切关注并期待着1月8日财富效应再度出现，遗憾的是，期货市场上从来没有这个规律存在。

交易的成败在于逐步积累财富的能力，而并不是一次赚得多少财富。尽力降低你的参赌资本，将会为你赢得更多机会！

最为务实的做法，我希望尽可能降低自己的参与资金，等到真正能实现持续稳定获利，再考虑增加投入。毕竟眼前的我，没有丝毫把握实现稳定获利，这个市场机会多多，但目前真正属于我的机会还少得可怜。

但此役毕其功于一役，让我享受到了秒富带来的乐趣，也诱发了一种短视现象，我还在时不时地去找寻一些市场短期波动制造的机会。

留得青山在，不愁没柴烧。

这一计划不单单为我节省了昂贵的学费，更为我赢得了更多长远的机会。

第三部分
2010年,为一年十倍,自信赌徒终得自食其果

期货市场上那些秒杀秒富的机会

惊心动魄的期货市场受制于行情短期无序性的影响,不断牵动着交易者的神经,时刻接受着资金量化考核的挑战,秒杀秒富的故事,在这个市场时有发生,也构成了期货交易不可或缺的一道美丽弧线。

纵观期货交易历程,秒杀秒富机会,绝大多数专属于半生不熟的赌徒或者莽汉入市者。

对期货一知半解的赌徒,在偶尔的侥幸获利之后,极易激发其潜藏内心深处的赌性,久赌必输,期货的游戏规则根本没有给这些人长期盈利的机会。不知深浅的莽汉杀入期货市场,极易享受期货带来的资金蹦极感受。显然,留给他们的秒杀机会远远大于秒富机会。

职业化的操盘手,必将资金的安全性置于首要位置,秒杀对他们来讲根本不可思议,秒富也不是他们追求的目标,但可遇不可求,市场给予的机会照顾也很难引爆他们的情绪化交易。

依据我国目前国内市场的交易机制,我对极易出现秒杀秒富机会的情况分析大致如下:

第一,9:00 期市开盘时间

隔夜开盘跳空封板恐怕是投机者最难以防范的风险时点。通常受隔夜出现的一些重大新闻、消息、数据、事件影响,国内品种会出现开盘即直接封闭在涨跌停板的机会,这种典型的一夜暴富、一夜破产机会是期货市场最引人关注一道风景。

就在我入职期货公司不久之后,认识了一位专门帮客户操盘的职业盘手,此人五官端正,唯独他的嘴巴歪得有点太凸显。就是这个歪嘴正来源于一次秒杀。

据说,在一波铜的下跌行情中,他帮客户操作的资金不断累加做空,账面上实现了很丰厚的利润积累,他持仓的铜仓位也不断扩大。真是天有不测风云，智利产铜区的一次大地震，对铜的产量直接产生影响，铜价来个180度大转弯，颓势瞬间转为强势，隔夜外盘铜价暴涨。

我国尽管是用铜大国，但铜价的定价权显然还掌握在国际市场上。国内铜价本身走势基本就是国际铜价的"跟屁虫"，全随着国际铜价来调整。

上海交易所的铜价受外盘影响，第二天开盘直接牢牢封死涨停板，早一日还巨大的账面盈利，开盘第一时间便被市场无情地全部没收，这位操盘大师显然经受不了这样的刺激，可能他的赌资累加的太重了，神经受刺激，当时嘴就不由他使唤了，这个问题医院也无计可施，只能让这个歪嘴伴随他的后半生了。

看来，期货秒杀的不单单是财富，身体是革命的本钱，还是保重为好！

第二，9:30 国内股市大盘开市时机

一些国内重大政策变动或者新闻、数据、事件的出现，将会直接影响到国内股市大盘的走势，这些消息未能在期市开盘即反映出来，直到股市大盘开盘才会形成下行共振。

我在白糖上的瞬间获益显然就是受益于此，而且长期的交易发现，这个时间段很容易出现类似走势。投机者对此需加强防备。

第三，10:30 国内期市间息时机

国内期市上午有一刻钟交易间息时机，就是这十几分钟的休息也容易产生极端的反转力量，或者有些主力资金在间息之后集中入市，将导致行情的极端爆发。

由图9可见，正是在上午10:30间息后刚开市，PTA的资金参与量突增，将行情迅速推升短短几分钟之内，被推升了1%以上，相信重仓参与该品种的投机者就在这短短几分钟完全实现了财富之间的重新配置。

第四，13:30 国内期市下午开市时机

午市休市期间有些消息、政策、数据的出现，将为下午开盘行情的异

第三部分
2010年，为一年十倍，自信赌徒终得自食其果

动提供根本支撑，快速异动的行情将投资者的情绪迅速点燃，在恐慌与兴奋之间，行情将加速异动。

由图10可见，白糖行情显然受到了某方面因素的影响，下午刚一开市，行情立即打破平衡局面，短短几分钟内竟上扬了50多点，秒杀无数投机者的同时也制造了相应的秒富效应。

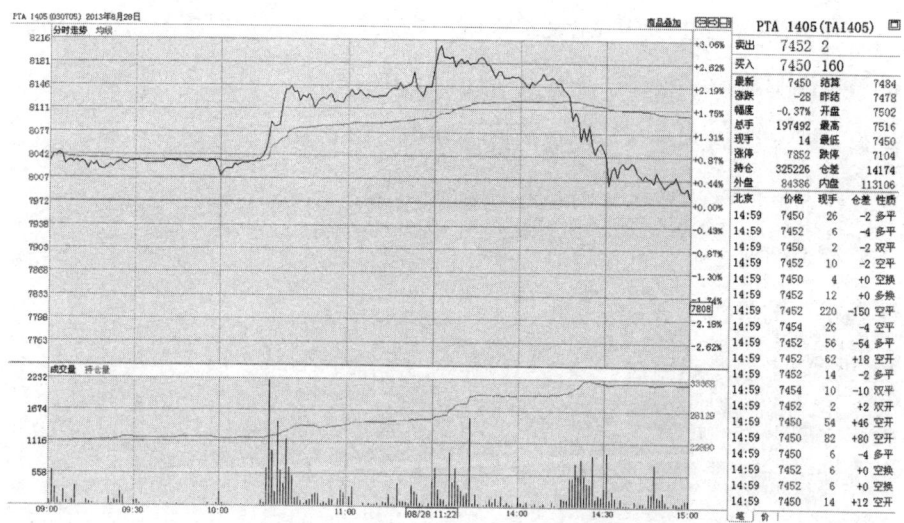

图9　PTA2013年8月28日走势图

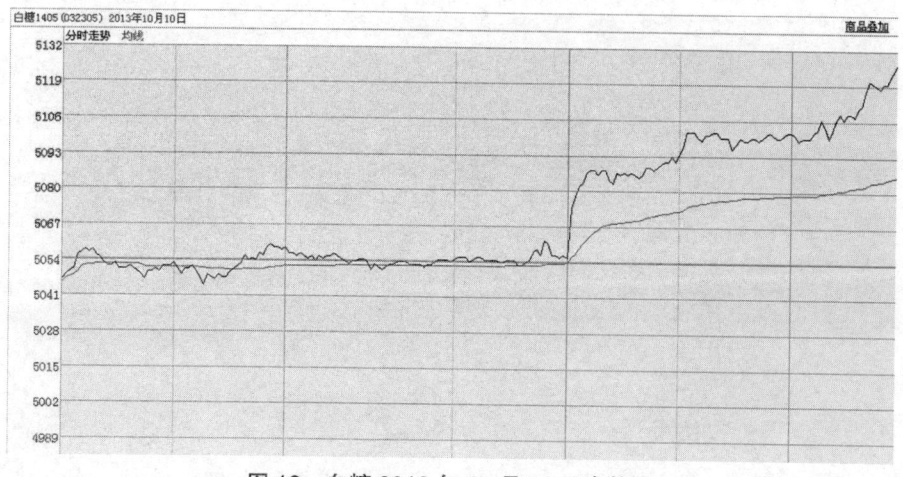

图10　白糖2013年10月10日走势图

白糖合约走势经常会有异动，投资界对白糖素有"妖糖"之称，可见其走势与现货之间容易出现较大差异，而且波动之快令人难以想象。我曾亲眼目睹过白糖的一次异常极端行情，当时上午白糖一直被压制在-3%左右的跌幅附近调整，行情根本没有任何方向，但下午开盘几乎就是瞬间，白糖竟然直接飙升至涨停板去，一旦持仓错误，后果不堪设想。

其他时间段也会偶尔出现很极端的秒杀秒富效应，但相对而言，出现的概率明显要低了很多，上述几个时间点确实值得投机者多加提防，免得自己被秒杀出局。此外，夜盘的开通交易也将会制造出更多的怪异行情走势，没时间盯盘的参与者还需更加谨慎。

金融市场是一个资金决战的舞台，主力资金无法决定行情的长期走势，手握重金的机构投资者完全可以主导短期的行情走势，但这很难成为这些机构投机者的操盘手法，因为这样做对他们而言完全是出力不讨好，很难从中有所取利。倒是一些机构或者重仓交易的大户可能会在行情不利情况下，落荒而逃，仓促地大笔平仓，极可能会制造出瞬间的极端异动走势。

一些流动性较差的品种，更加容易出现这种瞬间的极端诡异行情，对投机者的资金安全，是一个很大的考验。

第九章　黄金大牛市，到底会牛多久

投资成功的关键——耐力胜过头脑。

不论你使用什么方法选股或挑选股票投资基金，最终的成功与否取决于一种能力，即不理睬环境的压力而坚持到投资成功的能力；决

第三部分
2010年，为一年十倍，自信赌徒终得自食其果

定选股人命运的，不是头脑而是耐力。敏感的投资者，不管他多么的聪明，往往经受不住命运不经意的打击，而被赶出市场。

——彼得·林奇

入职期货公司以来，我陆陆续续拜访了很多客户，亏钱同样是这个市场的主流群体特征，但也不乏个别精明的交易者从中获得巨大回报。

很长一段时间以来，由于新入职期货公司需要经过一系列的基本培训和对业务熟悉掌握，我的交易基本处于断断续续状态，仓量自然是持有得异常谨慎，更多的时间花在了经纪业务上。

在天津市场上，我见到了一位客户，这位客户与朋友合伙经营的一家金店，生意做得相当红火。期货上的交易他也不离本行，基本在全力交易黄金期货。据说他以前也交易过其他品种，只是迟迟没有实现利润，时间上也不允许自己关注太多品种，因此逐渐还是将精力集中到老本行——黄金上。

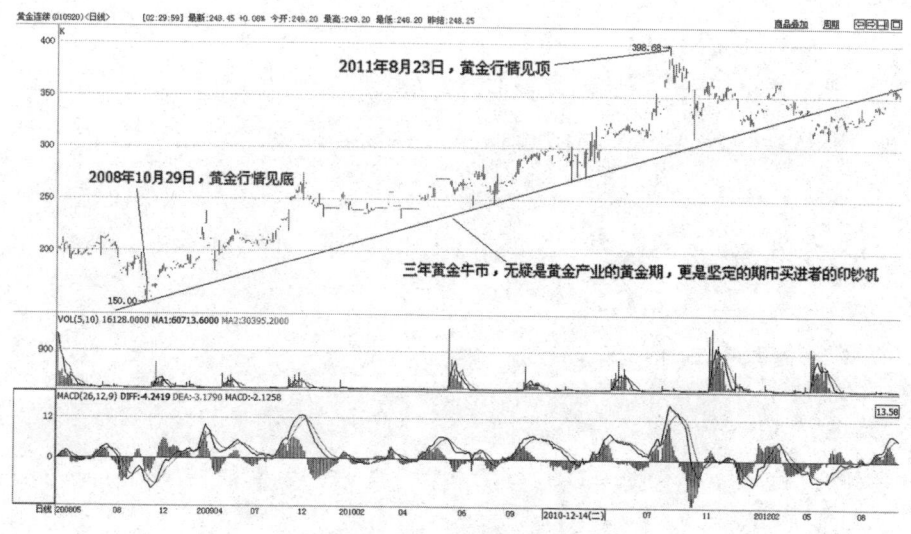

图11 黄金三年牛市走势图

63

由图 11 可见，自 2008 年 10 月 29 日至 2011 年 8 月 23 日，黄金行情经历了漫长的三年黄金期，不断飙升的走势，给投机者提供了很好的参与机会，但就是这么明确的行情趋势，又有多少投机者能够真正把握得住？

自 2008 年黄金见底之后，他一直在累加买进黄金期货，已经转换了好几个合约，但一手空头都没有卖过，一路的买进累加，将 100 万的本金已经在短短两年内变成将近 500 万，客户的持仓也就区区三成左右，如此财富效应，这个客户竟然显得异常冷静，对自己的盈利毫无兴奋之情溢于言表。

这个市场真是藏龙卧虎，不知道到底会有多少如此理性的投机者在这个市场上逐年累月地隐藏着。

期货交易的成功，是无法复制的，每个参与者的成功都有其个性化的符号在里面，只有完全理解期货，并完全理解自己的交易者才有机会在期货市场上成为长期的赢家。

正所谓："言者不会，会者不言"，期货着实是个令人着迷的智力游戏，那些赢了兴奋、输了沮丧的交易者，永远也积累不起财富。

多数参与者会为一时的侥幸盈利而沾沾自喜，四处宣扬，并激发其赌性；面对亏损最常见的做法却是藏而不报，并加重赌资，以期哪天弥补亏损，亏损更加容易激发情绪化，直至越陷越深。毕竟，报喜不报忧是中国人民历来的传统习惯。

赔钱的人习惯于否认自己对操作失去了控制，不见黄河心不死，最好的教育就是让他破产，让他赔得很惨，以此来教育他，告诉他绝对不可以做什么！似乎只有经历了一无所有的惨痛教训之后，投资者才会对该事分外珍惜、小心谨慎。

真金白银在中国老百姓的心中的地位毋庸置疑，纯属财富的象征。拥

有者自然会有极大的成就感,中国大妈更是因大胆买进下跌趋势中的黄金而闻名于世。

天津这位客户的交易反应以及对期货的理解、参与方式,曾屡次引起我对期货交易的反思,趋势之魅力也多次吸引我的关注,但没有很好的交易系统,没有符合我自己的交易策略,再好的行情也很难拿下来,我也曾试图拿一些波段趋势,但屡屡以亏损而被清洗出局。

或许,正如我一位交易多年期货的师兄所言:"让我买几根金条放家里,我能全程拿下这波行情来,让我拿期货,这波行情机会真不是给我的,我也没那耐心去拿。"

看来,期货与现货之间差异巨大,很多人经营现货做得相当不错,一旦交易期货,就陷入亏损的怪圈。

高杠杆的金融属性让期货融汇了交易者更多情绪化的反应,涨涨落落,上下翻腾的行情,让更多的参与者无计可施。

极端波动的黄金行情,更是容易引发交易者的极端反应,甚至诱发自毁倾向。我的一位客户在2010年,眼见黄金行情处于上涨过程中,可是他却偏偏与市场对抗,认为行情涨这么高定会调整,忍耐、等待,最终迎来了黄金行情的暴跳而上,巨大的缺口留下了一大片行情的空白区域,客户的仓位很快爆仓,被公司强平出局,数百万资金被黄金期货无情地卷走。与趋势作对,这是必然结果,但当局者迷,很多交易者都想当英雄,总期望自己能卖在顶部,买在底部,多么理想的期望,多么凄惨的结局。

无独有偶,一家典当行客户,本来是想在期货市场上为那些黄金白银当品做套保,结果面对2010年强劲上涨的黄金走势,持续地在黄金期货上卖出,累积了大量的空头仓位,之后黄金期货的一波小幅加速上扬,让他们整体爆仓出局。

看来，套保也需合时宜，不合时宜的策略只能带来无尽的亏损，这也正是套保之难处所在，国内企业参与套保经验不足，有的企业更是打着套保的名义进来做投机，结果期现两头亏损，惨不忍睹。

期货套保本来是一个对企业很有价值的避险方式，很值得产业客户潜心研究，以烫平经营中不断加剧的成本和销售风险，但更多的企业主寻求刺激的欲望会迅速取代其理性的判断，套保还没有研究透彻，已经很不耐烦地杀进杀出，甚至会有一些老板亲自动手进来博傻。可能是期货市场看起来过于简单，就是简单的买与卖，谁都可以动手买卖。殊不知，此买卖非彼买卖，这里的水深得让人摸不到底。

大多数人不愿意接受不确定性带来的亏损，因此期货交易永远属于小众群体的舞台；即便参与者也有很大比重的人数不愿接受亏损，他们具有强烈的作对愿望，死不服输。他们坚持亏损的持仓时间会很久，等待市场出现转机帮他们解套，甚至与市场对抗到底，持续在亏损头寸上累加，以期拉低持仓成本。这类参与者在市场上最终都将付出惨重的代价。职业的交易者总是能在行情稍有犹豫或者不利时机，快速止损出局。

交易者永远避免不了不好的交易习惯，很多细微的坏习惯会时刻伴随你的交易，这些习惯将直接关乎你的操作收益。

一些不好的交易习惯，会影响我们财富增值的速度，但对你的整体盈利无关大碍，成熟的交易者会极尽所能去发现并改进自己的不良交易习惯。

但一些交易习惯将直接影响甚至决定你的交易成败，这类关乎大局的习惯已经成为你交易中的原则性问题，如果不能及时改正这些习惯，你的交易盈利将遥遥无期。

交易者要学会对结果负责，更要学会对自己负责，不断完善交易策略，不断反思操作中的细微错误，查缺补漏，弥足珍贵。

国内每个期货品种的行情走势，都有其独特的个性，完全由国内定价

的期货品种行情将比较流畅,而一些品种的定价权始终牢牢掌握在国际资本市场,因此很容易形成跳动性走势。早些年的有色金属行情基本完全由国际市场来定价,铜铝锌等品种行情经常是连蹦带跳地发展,近年来随着国内有色金属需求的不断增大,对定价权逐步有所提升,因此铜铝锌的行情走势也逐渐流畅。黄金行情则一直受国际市场影响,由于时差问题,外盘黄金最活跃的时间短正值我们国内的夜间,因此每天黄金的走势多数以跳跃式的方式来发展,若逢国际上一夜的单边行情影响,国内黄金只得跳个大窟窿出来,一旦拿反方向,后果不堪设想。关键在于这些缺口的出现全是假性缺口,不具有多大参考价值,只是随外盘做出的调整修复。但黄金有其自身的发展规律,其行情规律性相对比较稳定,若用心琢磨,研究透彻黄金之走势,参与安全性也会大有提高。

  黄金白银本就是财富的代表,长久以来,一直是国际通认的币材,掘金无论在哪个历史条件下都是一件风险性极高的活动。随着金本位的退出历史舞台,黄金白银逐渐被以美元为代表的纸币取代,社会财富符号化将黄金白银的价值波动扩大化,甚至让黄金白银的价值体现也符号化。因此,再次用传统的价值观念来理解黄金白银,恐怕风险更加可怕。

  随着美国次贷危机的发酵,黄金白银也受系统性影响而快速下行,似乎避险工具并未真正体现出避险的价值。为了救市美国经济,量化宽松政策陆续推出,黄金白银又被视为抵抗通货膨胀之神器,螺旋式攀升。但恰恰在更需要的黄金白银体现抵抗通货膨胀功能之际,也就是美国政府推出了第三轮无限量的量化宽松策略之后,黄金白银却偏偏逆向而行,一路下行,也就造就了中国大妈之类的英雄。

  黄金白银代表的财务安全性已经受到了极大的挑战,符号化的发展更加明显。黄金白银自此完全成了国际资本炒作的利器,洗劫娱乐大众的工具。持有黄金白银的价值和安全性值得我们深思。

第十章 看对行情,照样一无所获

> 金钱的损失,对我来讲不是什么大不了的事。无论什么时候,在期货上赔钱,我总是把它理解为自己又学到了新东西,因为在赔钱的同时也增长了我的经验,赔出去的钱实际上是付出的学费。
>
> ——杰西·利弗莫尔《股票大作手回忆录》

自螺纹钢上市以来,我就对螺纹钢情有独钟,一直在关注着螺纹的走势,或许是上次的侥幸获利,更加让我对螺纹倍加关心。即便这样,我实际参与的频率还是由于工作的原因,降低了很多。

我于2010年2月1日正式入职期货公司,并专门负责一个钢材事业部的经纪业务,这样我对钢材产业的了解也就更加便利。

就在我入职的第二天,螺纹钢行情延续多日以来的跌势,突然放大成交量暴挫而下,之后又延续了数日的下跌走势。

马上面临春节,单位安排我和一位分析师去拜访一家钢厂的期货部负责人,一来让我对钢材产业更快加深了解,二来也希望钢厂能在我们单位分仓交易。其间自然离不开谈论螺纹期货的走势,有分析师在场,我自然不会妄自发言,也留意看看分析师怎么来跟客户分析行情。

我们的分析师自然是顺势看跌,近来行情一直在下跌已经有近一个月时间,分析师为了支持自己的观点,罗列了一大堆的看跌理由,显得有理有据,毕竟这位分析师平日工作比较努力,整天为分析行情会网罗

第三部分
2010年，为一年十倍，自信赌徒终得自食其果

八方资源。

  钢厂这位领导显然跟我们分析师的看法相悖甚远，对分析师罗列的一大堆支持观点更是不加理睬。

  非常遗憾的事就这么发生了！我们的分析师显然在一个错误的时间太坚决地看错了方向。螺纹期货自2月2日暴跌之后，又向下短暂调整数日，便形成了前后数月来的显著低点，跨越春节大关，螺纹的涨势就是止都止不住。

  我们的分析师显然很快意识到了自己的分析有误，但对这种错误，分析师大多不会太介意，或许已经习以为常了。

  后续这个客户的事，就交给我来负责沟通，每每见面沟通，他都不忘提及我们分析师的这次弥天大错。这样的错误，显然给客户留下了深深的印象。或许，解铃还须系铃人，如若分析师及时对自己的错误判断跟踪与客户沟通，我不知道会是哪般景象，这中间总觉得什么环节处理得很是欠妥。

  时间转瞬进入四月，正值天暖气畅，往年这个时节建筑开工的项目在不断增多，螺纹的需求预期越来越高。

  可偏偏就在这个时间，四月中旬，螺纹钢的走势出现了我似曾相识的形态——顶部即将形成。我自然很相信自己的判断，于是按照自己的操作习惯，在一个跌破支撑平台的机会，适当做空了一部分螺纹钢。

  行情发展得相对比较符合预期，没过几天，行情就从新近高点4898滑落跌破4700的整数关口。此时您还能记得我前面提过的江老师否？天津一位做钢材的客户在高位买进，他提供了坚决看多的操作建议，理由自然是有无数条，但行情就是不配合他。我根本无法确信行情会跌到什么位置，再加上这段时间经常出差，没有那么多时间看盘，于是选择落袋为安。

  交易者的一大敌人是具有某种权威感染力，而又才华出众的行业大师的谬论。江老师指导客户赔得很惨，也动摇了我的正确持仓。

行情并不会因我的平仓而停止下跌，相反行情出现向下加速走势，我的平仓显然出在了半山腰上。行情越是下跌，我就越是不敢再做空，反而总想捕捉机会买进，但每次买进之后很快就陷入亏损的怪圈，屡次尝试之后，我起初实现的那点盈利，早已被频繁地止损吞噬殆尽。

无奈一波大行情与我擦肩而过，我本有机会将其牢牢把握，但没有成熟的交易策略，再好的行情也与我无缘。

可就在这波行情下跌之初，我对行情的判断异常准确而又果断，但我自己的操作却无法执行自己的判断。

早在下跌刚刚确认之际，螺纹跌破4700的时候，我还去拜访过河北省一家大型钢厂的期货部老总，当时谈及螺纹后市看法，我的观点十分坚决，完全出于技术形态的分析，我坚决看空，不预测下跌点数，只坚信这是下行行情的刚刚起步。

这位老总对我的观点并不认同，毕竟往常这个时点是钢材的需求旺季，是钢材提价的好时机，看空根本不合常理。他们钢厂还计划提价300元左右。

他的观点没有影响我的看法，我依旧看空。可能是当时知道客户没有实际参与交易的缘故，即便看错也不会造成什么大的问题，更大的原因在于这个走势从技术上看还是相当的经典，近期我没有做短线交易，我有更多的时间去关注一些相对长远的事。

这是有史以来我第一次真正凭自己的分析能力，靠自己的智慧，觉察到的一波趋势方向。可惜我没有能力将其拿下，反而后来变得对空头十分畏惧，又当了几次多头的英雄。

由图12可见，墙倒众人推，2010年夏季，螺纹一路下滑，跌幅达1000点，我准确预测到了这波行情的到来，并在很好的位置积极做空，但此时的我还不具备能力将一波行情真正拿下来，反倒是进进出出频繁交易导致了亏

第三部分
2010年，为一年十倍，自信赌徒终得自食其果

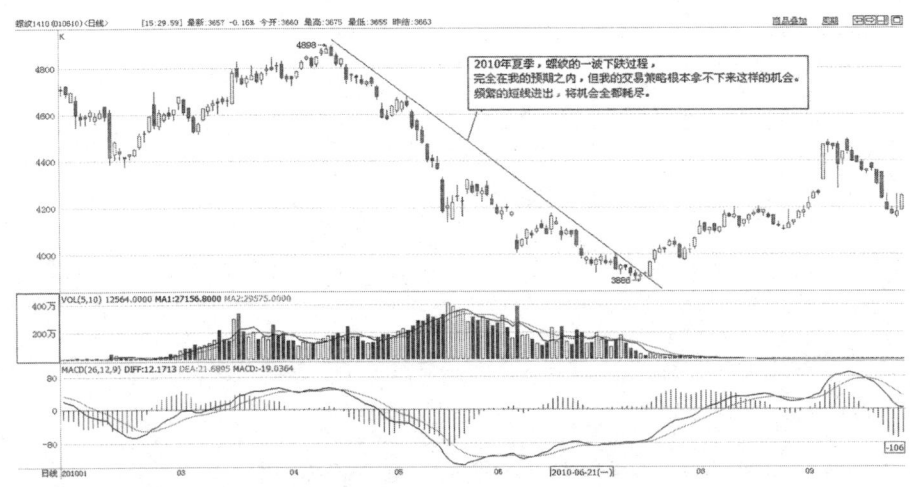

图 12　螺纹 2010 年上半年走势图

损。趋势交易需要投资者具有很强的交易策略和心理素质。

正确的判断并没有给我带来财富，但错误的做法却很快带给我亏损。

交易者没有成熟的交易策略，久经磨砺的操作经验，即便是再好的机会，都将失之交臂。

我同事的一个客户，据说聘用的有职业的操作人员，携带几千万的资金参与期货，就在这波螺纹钢的顶部，他们重仓做空于4800多，但他们的预期目标只到4700左右。当行情跌破4700时，他们大胆反手买进，行情的破位下滑显然来得出乎他们的预料，当他们匆忙止损之后，由于参与资金太重，已经损失好几百万。显然他们的操盘手水平值得老板重新考量，自此他们多数资金撤离了期货市场，再也没敢进来重仓参与。

时机的出现未必是给每个市场参与者的，每次大跌中都有人敢于重仓抄底，每次大涨中同样有人敢于重仓盖帽，无知者无畏，血淋淋的教训告诉我们：期货市场并非谁都能在此分得一杯羹！

有亏者必有赢家！良好的趋势行情无疑是财富重新分配的良辰吉日。

石家庄一位钢材贸易商，早在螺纹上涨到4800多之后，陆续布局做空，行情的下跌过程中更是大胆跟进，最终投入2000万资金，据说行情跌破4000才陆续撤出，短短两三个月造就了7000多万的财富。手法之凶狠，看法之精准，着实值得我们细细品味。这类客户的操作本应彰显期货市场的财富示范效应，但国内这样的获利客户往往都很低调，甚至很少有人能获知，或许这跟国人的"财不外露"传统习惯息息相关。

早在螺纹期货上市之前，这位老板不辞万里辛苦奔赴上海找寻专业操盘手学习操作经验。不知道在这笔巨额财富的背后，这位老板付出了多大的辛苦专研。

这是螺纹钢期货自上市以来首次出现的"旺季不旺、反向走淡"趋势，这波行情相信让很多的钢材产业客户受伤很深。期货市场上频繁出现的反季节行情，无疑是令无数现货产业客户最为头疼的事，没有十分成熟的操作策路，很难从中取利。

螺纹钢这波下行过程，从最高的4898一路下滑至3886，整整下跌有1000点多，机会近在咫尺，可偏偏就是拿不住。

螺纹从4600左右跌至4200出现了连续八天的单边下跌过程，我碰到一位钢材贸易商马总，这八天的下跌他全程拿下，高兴得合不拢嘴。可是后来他平仓的时候出了点问题。这才知道原来他交易的不是期货，而是同样具备杠杆与双边交易功能的北京某现货电子盘，由于流动性缺乏，他的平仓每每平在最高点，根本没人接盘。结果最终平出来时候，赢利已经所剩无几。

金融市场是一个充满争议的地方，市场越不透明，产品越复杂，金融做市商就越有可能赚取更多的利润。金融交易如果缺乏流动性是多么危险的一件事。

螺纹跌下来之后，底部不断调整，主力合约也逐步转移至RB1101上。长期的底部调整，行情相当压抑，很长时间都处于上下几十点的空间内摆动，想要从中渔利，难度可想而知。

第三部分
2010年,为一年十倍,自信赌徒终得自食其果

早在螺纹底部调整期间,有一个做螺纹钢贸易的客户白哥在我这里开户。他从未做过交易,当时的螺纹行情我也不太建议参与,但客户毕竟是作现货贸易的,对螺纹行情的把握还是有点信心的。于是,在螺纹大势下跌尾声阶段,他陆续买进一些,但行情根本不见起色,这样的持仓对一个新手来讲,简直就是煎熬。自然,他的多头仓位也不可能长期拿着,一有空闲下来,他就会在里面倒腾几手,可能是在熟悉行情盘面。

当时的早籼稻行情涨势良好,我建议他少拿一些早籼稻多头,也熟悉熟悉一些基本的操作功能,起码参与风险会小一些,可能是品种太小,他没当回事,拿了几手之后一直没有处理,过了一段时间,这几手早籼稻竟将近翻倍。

早在从事经纪业务之前,我已经从事交易多年,只是自己急功近利地找寻短线增值技巧,给自己带来了不少麻烦。我自然对期货的风险深有体会,因此,面对每个客户,我首先给出的建议是先尽量少地投入一些资金,以免巨资参与而导致大额亏损,等到能实现稳定盈利之后,再逐步考虑增加投入。因此,尽管我的开户数量不少,但经纪业务始终没有大的起色,总的权益也就维持在一两千万的规模,算是能给单位领导个交代,更多的精力都投入到了行情研究和实盘操作上。

我的客户里面做钢材贸易的比较集中,对钢材行情的研究当然也就成了我的核心工作,尽管行情还不是很明朗,但我还是在持续地留心着螺纹钢的走势,一旦出现机会,我会优先考虑参与螺纹期货。

就在螺纹期货创出新低3886的点位之后两日,新的主力合约突然出现报复性上涨,并带有持仓量和成交量的迅速放大,这样的异动正是我期望和等待的现象。这一日螺纹行情从最低点附近直接拉升到近期的盘整平台上沿,只要这几天再带量向上突破,买进做多安全性会很高。

白哥那边一直在等着我提示行情出现安全的机会,我们约好了第二天下午见面，一起等待行情的变化。

次日上午行情延续着上一日的强势，直接高开十余点，然后稍有回撤，但持仓和成交量依旧在不断放大，我的理解显然是多头在刻意压制行情并逐步增加持仓，当行情稍有上扬，我便果断买进，最后持仓均价在4141附近，并及时建议客户买进螺纹期货。

下午开盘之后，螺纹的强势依旧延续，这位白哥的参与手法更加强势，数百万资金瞬间满仓杀入，又是一个似曾相识的干法。我建议他尽快减仓，拿三五成仓位已经足够，白哥显然并没把这当回事，说："没关系的，万一需要补仓，我再追加资金。"

有一部分参与者的资金管理根本没有节制，面对亏损，他们会大胆地去补仓，就是死不认输，这样的做法很少会获得善果。

我一直为自己的短线交易绩效而烦恼，但又一直在琢磨一种适合自己的短线交易策略，换汤不换药，始终被短期的波动所牵引。但在指导客户时，我自知毫无把握在短线中博得优势，于是刻意规避引导客户短线交易，建议客户尽可能持仓做波段趋势。

白哥买入建仓之后，我让他等我消息再平仓，尽量捂住这波行情。

大致十几个交易日之后，螺纹钢行情在两次微弱地触摸4400整数关口之后，显示出较大压力，行情逐渐有所回撤，形成一个经典的双头小顶形态。我及时建议白哥适度做减仓处理，殊不知，这位白哥的持仓早已日新月异，他每日杀进杀出地搏杀短线。此时此刻他确实是还有多头持仓，而且是满仓，正在高速上开车，哪里有时间看盘处理。当我把当前下滑点位告诉他时，他让帮忙把仓位平掉。等我登录交易账号之后，行情已经又滑落几十点，白哥账户上滞留着好几十万的浮动亏损，超重的仓位显然已经达到爆仓标准。最后我们及时沟通平仓，这几十万的浮亏实实在在地在白哥账户上得到落实。

第三部分
2010年，为一年十倍，自信赌徒终得自食其果

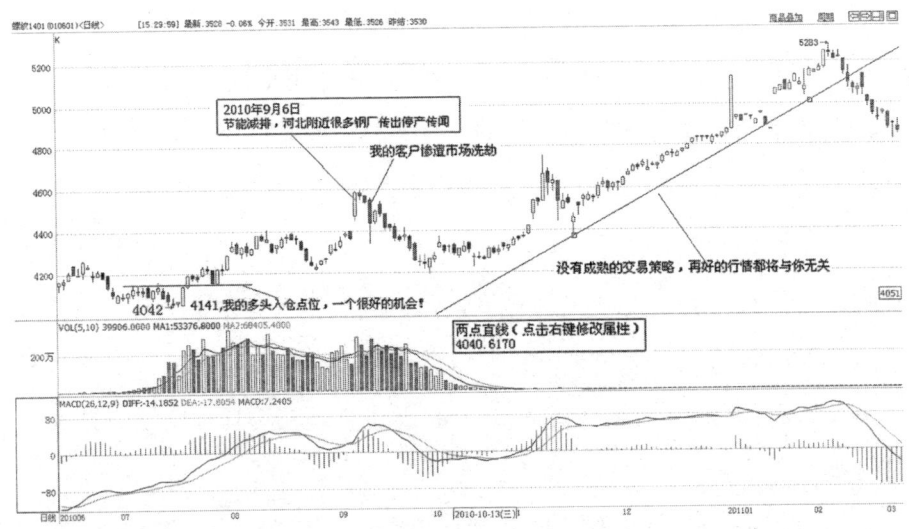

图13　螺纹2010年下半年走势图

由图13可见，螺纹的底部特征异常显著，我的入场时机把握得十分得当，但紧紧获利200点之后便匆匆离市，后市螺纹大幅飙升，又是一波近千点的行情与我失之交臂。

看来，交易者没有很好的操作策略，即便再好的行情也与你无关。

或许是近来这两波行情的看法比较准确，或许是白哥确实没时间来操作，他提出了让我帮忙操作，不用我担任何风险，可以放心大胆地操作。这是我初次帮客户操作，我不认为自己操作会很好，但比白哥满仓搏杀安全性起码会高了很多。自然是初次帮客户操作，我对双方分工的一些注意事项和细节根本没有多加思考，只是跟其他认识白哥的朋友那边了解到白哥的一些背景情况和为人处世，觉得比较靠谱，稀里糊涂地我们就开始对这个账户进行运作。

我对这个账户单独设置了一些操作规则，总体上将风险性降得很低，以持仓波段趋势为核心目标，再适当地辅以日内短线交易，就是这个日内交易计划的规划，将一些不成熟的非我能力范围内的做法融入了交易中。

好多次波段趋势带来的利润,会被这种日内短线交易吞噬殆尽。

此时的螺纹行情,并不十分安全,螺纹上我们适度买进了一些仓位,我更看好的品种是白糖的涨势,安全性相对要高了许多。自白糖瞬间翻倍之后,我再也没有参与过这个品种,但一直在关注着它的动向。在走出一个漂亮的圆弧底之后,白糖越发涨势凶猛,我的持仓每日在都在快速增值,但行情长高之后,我便尝试着累积做空一些短线交易仓位,结果每次都被快速的上涨拉得落荒而逃。短线交易持续侵蚀波段趋势带来的利润,总体资金增值很是缓慢,好在仓位管理较为理性,没有造成总体亏损。

2010年9月6日,钢材行情突然大幅跳升,白哥匆忙打电话来讲:"整个华北地区钢材产业节能减排排查很紧,河北附近很多钢厂已经处于停产整顿状态,钢材必然大涨,赶快买进。"

螺纹钢在开盘瞬间已经拉得很高,但整体是一个向上突破的走势,于是我果断跟进一些仓位。这一日螺纹市场很难平静,螺纹钢期货一路强势上扬,临近尾盘时刻,螺纹行情多次尝试触摸涨停板未果。

我将所有的持仓全部清空,落袋为安。

当时主要出于几方面的因素考虑:

第一,这一日,螺纹钢行情涨幅过大,成交量暴出近期的新高。期货市场上行情对一些消息的消化方式不同,这么大的涨幅足以消化掉节能减排带来的利好,尾盘已经没有足够的能量去封停涨停板。

第二,自帮白哥看盘以来,迟迟未能有较为显著的增值,这一日带来的收益值得落袋为安,给自己个时间调整调整思绪。

第三,还有一个客观的原因,我想借这次赢利清仓的机会,去外地帮两个客户开户去,已经谈好有段时间了,自帮白哥看盘以来,迟迟拖着未去办理。

第三部分
2010年,为一年十倍,自信赌徒终得自食其果

就在我平仓之后,大致几十秒时间,白哥的账户上螺纹钢的多头头寸汹涌而来,临近收盘一两分钟,大部分资金全都变成了螺纹钢持仓。我以为是自己下错了单,马上去查是什么系统出了问题?稍有犹豫,行情已经停摆,螺纹钢收盘于日内较高的点位。

没多大一会儿,白哥来电,原来是他那边买进的多头头寸,他认为这是一个很安全的买进机会,理由自然还是节能减排。我给他讲我的分析,他根本就没心思理会。我只得建议他明天开盘尽量降低持仓。

此后两天,行情没有大的变动,但两个小台阶已经逐渐排下去了。

第三天一大早9:30多点,我刚从山西回到北京,还在回单位的路上,白哥急匆匆地来电,询问该怎么处理仓位?就在两分钟前,螺纹瞬间触及跌停板,账面浮亏十分惨重。

我赶忙找个合适的地方,登录交易账户,白哥的账户足以让人目瞪口呆。

螺纹行情自9:26开始下滑,白哥大笔资金从天而降,行情越跌买进得越猛,三五笔成交之后已经满仓螺纹多头。这是我们之前分析过的一个典型的秒杀秒富机会,白哥显然处于了最为被动的一方。螺纹的瞬间向下加速竟然将最低价推到跌停板上去,满仓的螺纹如果按照跌停价来算,整体资金损失50%还要多,白哥肯定被眼前的情景吓呆了,以至于给我电话时显得手足无措。

值得庆幸的是,跌停板上的"胶水"不多,没有将行情粘死在这个地板上。很快螺纹价格就有所拉升,但已经无济于事,想让螺纹再马上回来比登天都难。

节能减排不再让白哥信心十足,惨遭秒杀之后,白哥再也没有跟我共同操作过这个账户,这个账户交易上的后事全由我来全权处理。

这两次意外走势,洗劫了白哥数百万财富,白哥没有任何抱怨,也没有任何牢骚,尽管不是我自己直接造成的损失,但仍让我感到不是滋味。

一个错误至极而又可怕的念头涌上心头：我得想办法帮白哥尽快弥补回来这部分亏损！

究竟如何弥补？

可想而知，我得加重交易的仓量，此外别无他法。毕竟亏损下去的比例，得用剩余资金赢得更大的比例才能补回来亏损。

交易量的加大起初带来的是交易的不适应和心态上的扭曲变化，毕竟这些资金不是我自己的，万一亏下去怎么办？心态的变化怎能迅速创造效益？

账面资金的波动幅度开始放大，忽上忽下地来回摇摆。万幸的是，资金没有被我糟蹋下去。

有段时间，我远在昆明出差，却整日为白哥的账户忙碌不停。

一日，几乎所有的活跃品种都集体共振向上发散，这场始于上午开盘时刻的行情，将我的多头持仓全部诱进来，满仓的多头伴随着强势的行情上扬，白哥之前的那点账面亏损应该会被很快弥补回来。

行情的发酵激起了我的赌性，四五个品种上的多头轮番上攻，账面只要有浮赢，够买一手我就追加一手，时刻满仓浮赢加多，听起来够勇猛、够兴奋吧。这是一种最好不过的自找麻烦的交易策略。

这一日将白哥的总体浮亏弥补回来一半多，一个令人兴奋的结局，让我陷入短暂的幻想，期望明天再来一个跳跃，直接将所有亏损全部弥补回来。

任何超乎预期的沾沾自喜都会让你尝尽苦头，总会带来无尽的麻烦。这一次兴奋之情异常短暂，晚间新闻的一则消息将我推向六神无主之地。

央行宣布将存款准备金比例大幅上调，意在抑制近期热钱的狂热活动。

这一新闻，让我彻夜未眠、辗转反侧，不停地估算着最坏的可能结果。

大家可以想象一下，早一日时刻满仓浮赢加多的仓位，如果受此消息影响，

第三部分

2010年，为一年十倍，自信赌徒终得自食其果

第二天全部封停跌停板会是什么效果？再往极端里想，如果连续跌停几天，会是什么效果？越想心里越乱，整个晚上都觉得头昏脑胀。

以往应对这种可能的恶劣结果，我有一个小技巧，可是现在只得一试，不知道这么多的资金还能否奏效？我得为自己的鲁莽持仓想办法夺路而逃！

当出现对持仓极端大的不利变化时，我通常会考虑不计成本地提前设置好出逃策略，早一日将条件单按照次日的反向极端值设置止损出仓，一旦次日反向直奔涨跌停板，我的持仓很难被关闭在里面，总能第一时间仓促出逃，更多时间会按照开盘价直接逃仓。

没有什么比害怕失败更容易导致失败的事了。

这一晚我只得辛苦点，将所有的持仓都按照跌停价设置条件单平仓出局，但又不能设置一笔出仓，得分很多笔条件单设置，因为大笔的条件单万一触及而不能成交，系统将会自动将其作废。

止损条件单全部埋单到位之后，我还是无法平静下来，预想着明日行情会怎么走，并构想几种应对方案。这一想又萌生一个大胆的念头，既然如此大的利空出现，何不尝试平仓之后反手做空，这一做法之前从未采取过，其实效性有待检验。这手法不逊于让高速上疾驰的汽车，瞬间停车并以同样的速度掉头疾驶，难度之大，可想而知。

我再三犹豫之后，又埋下了无数的卖空条件单。如此之重的持仓，如此复杂的处理手法，这一夜真是无法入眠。

次日一大早，我就早早地等待行情的最终宣判。

我的预想方案策略里面，根本没有把这一天的实际情况纳入其中。从期市开盘之后，大约有十分钟的时间，我的交易系统清楚地显示死机状态，我埋下的条件单太多太多，以至于电脑系统反应不过来，正处于死机状态慢慢处理我昨晚埋下的命令。

无奈之下，我只有从手机端登录行情系统，发现几乎多数品种都直接低开2%左右，这应该是符合我预期的一种情况，而且比我预期的极端效果要好很多。关键是行情在大幅低开之后，并没有顺势再度下挫，反倒是出现快速拉升走势，几分钟之内已经拉得很快。

再过两分钟，我的交易系统端终于正常化，但显然已经为时甚晚。

我的多头持仓大部分已经在开盘第一时间按照条件单成交，基本都在很低的位置平仓，之后多数的做空条件单也如期成交，原来持有的多头现在多数已经转为空头，可是行情跟我开了一个滑稽的玩笑，在将我多头清洗出局之后，行情一路上扬，又将我的空头持仓拉得很惨。

就这短短几分钟时间，我的策略大乱，只得手忙脚乱地清空所有仓位。

昨天还预期着能尽快帮白哥弥补回来亏损，这瞬间的洗劫却又将昨日的收益侵吞多数。又是一场"纸上富贵一场梦"！

白哥那边显然看到了这惊心动魄的一幕，我不知道当时他做何感想。但没过多久，白哥来电，上来第一句话："刚才好险啊！"之后，他提出要出金，现货生意上急需资金。

可能是确实现货生意比较忙，在这次出金之后，白哥的资金出入堪比行情的上下摆动，账户稍有赢利，他马上大笔资金到位，稍有浮亏大笔资金马上抽走。我这边每次资金变动都得随之进行大幅的仓位调整，后来实在感觉太混乱了，只得放弃对这个账户的管理。

在期货上做代客理财，将增加更多的不确定性风险，本需更加谨慎，合作双方需要很好的默契，但我第一次代客理财，竟这么稀里糊涂地在市场上大肆折腾，不亏已经是万幸了。

此后，我接触过一些代客理财的朋友，逐步整理一些必备的注意事项，没有双方明确的约定事项遵守，再也不敢碰客户的账户，免得稀里糊涂都不知道为什么赔进去。

第三部分
2010年，为一年十倍，自信赌徒终得自食其果

不期而遇的事件，无疑是让众多参与者最为惧怕的情况。一些事件的发生会直接影响或者改变行情的发展轨迹，而且会让行情的反应异常敏感，甚至会出现诡异的迹象。

深受这些事件影响的参与者，不胜枚举，甚至多数交易者都曾经历过几次这类事情。有的交易者因此而迅速爆发，有的交易者因此而倾家荡产，有的甚至出现生命惨案。

按照我个人多年的交易观察和理解，真正能够让趋势逆转的重大事件，少之甚少，多数突发事件对行情的逆向影响很短暂，远没有我们事先估测的那么严重，更多时候这些事件对行情的发展，是一种锦上添花的作用，促进行情加速发酵的事件更多地呈现于行情运行过程中，因此，参与者大可不必对这类事件过分悲观，杞人忧天，将会打乱既定的操作策略，心理因素的变化将更大地影响着你的操作。

我对央行调整准备金的突来袭击造成的影响，显然估量得太过严重，真正击败我的不是这一事件，而是自己的过分敏感的心理变化。如果当时我不作任何处理，那么当天的实际账户最终不会有如此剧烈的波动，假以时日，资金增值会更快。

此外，资金的管理策略是影响交易者心理变化的一大核心因素。过分贪婪的预期、时不时的侥幸重仓，终究会有偶发的机会将交易者一扫而光。很多交易多年的成熟盘手，均被一两次极端行情清理出场，背后必有其失衡的资金管理在作怪。

期货交易的游戏规则容不得我们丝毫的侥幸与大意，市场是最严厉的老师，你的这些错误将被市场以最高效的方式发现，并处以最客观的惩罚。交易者的操作方式直接决定了其交易命运。

第十一章 封停五连发，财富的急速重新配置

> 情况都是一样的，刚开始时人们不想承受已经有了的小损失，就希望有一个转机"使他们在不损失时脱身"。但价格一跌再跌，损失大到看上去只有继续维持才行，可能会需要一年，因为价格迟早会回升。但是突破"使他们出局"，并且价格会继续走低，因为很多人不得不抛售，无论他们是否情愿。
>
> ——埃德温·洛弗热

若论2010年度最为疯狂的短期波段行情，则非PTA的涨停五连板莫属。在充足的资金流动性和热钱的推动下，PTA行情涨势越发凶猛。11月4日起行情更是加速上涨，一发不可收拾，多头资金强劲推动下，PTA直逼涨停板，上午已经牢牢地封死涨停板。此后的几天更是极端之至，连连封死涨停板，让拿错方向的投机者没有丝毫出逃的机会，流动性的丧失近乎让人窒息。

我在PTA品种上少有持仓，当时资金分散于好几个品种，一直在尝试一种结构化的品种策略。短期内PTA做出的贡献无疑是最显著的，就在连续三个涨停板之后，按照交易所规则，该品种被迫停市一天，以便给多空双方做一个协议性平仓处理，也给那些持仓错误的投机者一线生存希望。

第三部分
2010 年，为一年十倍，自信赌徒终得自食其果

　　我的多头头寸被迫协议减仓一半，我同事不知啥时候看到我的持仓，建议我将全部多头平掉，理由自然是已经有这么大赢利，落袋为安最好。这么极端的行情下，又有谁能对后市行情做出精确预估？我无法知晓后市走势，但已经有一半仓位落袋为安，拿如此大的赢利继续搏后市，不失为一种最安全的策略，更何况目前的走势一旦卖出，恐怕想再买回来根本就没有机会了。还好之后的连续上涨全程享受，直到两天后行情开盘不再维系封停板的动能，我将所有多头持仓夺路而出，也算是全身而退。

　　就在这波极端行情启动的第一天，我的一位客户看到 PTA 涨得太快，入手得十分随意，竟然在上涨过程中陆续做空，直到行情逼近涨停板他还敢将所有剩余资金全额加空，上午行情的涨停并未引起他足够的重视，直到下午快收盘之时，涨停板依旧牢牢地被封住一动不动，他显然是想做日内的短线交易，自下午开盘就设置在涨停板想平仓出局，可是凝固的流动性已经不允许逃走任何一手持仓。

　　期货市场上任何错误都将受到惩罚，而且惩罚来得如此之快，令人难以想象。

　　无奈之下，他急忙联系我，咨询该怎么处理？

　　关键是他已经满仓占用所有资金，这种情况下，或许唯一能选择的方案就是追加资金在关联性较强的品种上对冲买进，以避免极端的上涨带来不利影响。

　　客户不太愿意执行这个方案，主要是资金问题，可能手里已经没有多少可追加的闲置资金。

　　这一次，强劲的涨停板打开了行情上涨的空间。

　　次日，行情的反应异常凶悍，开盘便直接封停涨停板不动，整整一天下来实现的交易屈指可数。客户的账户已经直接爆仓，期货公司的风控只得通知他追加资金，风控也强平不出这些仓位。

来日再一次的封停涨停板直接宣告了他的破产，客户账户已经没有资金。连续的涨停终于出现了我所见过的第一单穿仓现象，最终客户欠下了期货公司一笔资金。

这波极端行情承受巨大压力的并非只有亏损的那些参与者，每个期货公司的风控系统也均遭遇了巨大的压力。我们公司的风控人员本来配置就少，大批的客户需要及时电话通知追加资金，根本忙不过来，于是单位临时将财务和行政人员调用来支援风控工作。连续多日不停地通知客户追加资金，着实把这些人累得够惨。

这波行情之后，我们的风控人员坚决要求辞职换工作，发誓以后再也不从事风控工作。

利之所在，趋之若鹜。很多参与者都会在赌博中逐步成长，似乎不重仓让这些资金闲着会降低利用率。这些赌徒遭遇了涨跌停板，将让其游走于爆发与惨亏之间，资金的快速膨胀与缩水，尝尽了期货带来的弹簧般心跳。

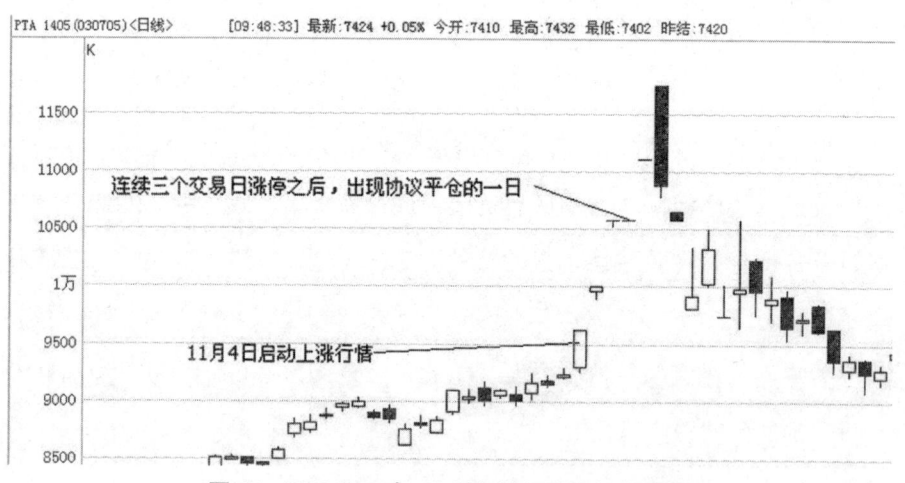

图 14　PTA2010 年 11 月初的极端上扬走势图

由图 14 可见，罕见的五连停行情迅速地重新配置着市场上的财富，几家欢喜几家愁，暴发户的背后，始终有数不尽的血汗钱惨遭洗劫。涨跌

第三部分
2010年，为一年十倍，自信赌徒终得自食其果

停板的封停问题足以借此引以为戒。

面对经常出现的涨跌停板现象，参与者应引以为戒，千万不要在涨跌停板上反向玩火，偶有不慎，您的血汗钱都将化作乌有。此外，如果日内行情单边发展，建议参与者最好不要等行情封死涨停板再平仓，否则被关门打狗的下场将会很惨。

尽管我没有受到PTA的伤害，但这波怪异的走势给我带来了一种莫名的不安。如果是我判断错了方向，面对如此行情，将如何处理是好？

期货交易是最危险的人类活动，其危险性远超过战争。

我需要加强自己交易的安全网：严格地制定合理有效的资金管理策略，以防不期而遇的极端风险。

第十二章　为一年十倍，继续奋斗于短线搏杀

> 投机者随着价格的上涨而越来越乐观，随着价格的下跌而越来越悲观，因此从本质上来看，只有少数投机者能保持常胜不败，并且没有人有理由相信在其他多数同道都将失败的情况下，他自己却总是能成为赢家。
>
> ——本杰明·格雷厄姆

一年十倍的操盘策略，您是否会对此感兴趣？

当我自己辛苦磨炼多年之后，仍旧未能实现稳定赢利之际，一部作品映入眼帘，吸引力可想会有多高！

国庆之后，偶尔逛览网上书店，《一年十倍》之大作很快吸引了我，大致浏览其介绍，基本属于一部技术类分析著作。

如能掌握如此技法，何愁期货难做？

匆忙下订单，迫不及待地买回来，好生学习。

几乎是一口气读完此著作，内容翔实而生动，分析得头头是道。

伴随着学习之际，我依书中之技法，在自己比较熟悉的豆粕上做重点实践，也为寒冷的冬季找到了舒适的避寒方式。

我们无须贪婪，每天只需1%的收益目标，看起来是多么的务实！

此时的豆粕行情日内振幅足够宽泛，也给了短线交易足够的机会。我每天匆匆忙忙于豆粕的买卖，可是行情就像跟我捉迷藏一般，上蹿下跳的走势显得异常无序。

有时候，行情走得十分漂亮，日内创造的收益远不止1%可止住；

有时候，在我建仓之后，行情很快就来个大转身，赶忙止损，损失已经不止1%可控；

有时候，行情突然顺势大幅飘扬，我设置的1%收益位早已将我的仓位全部抛出；

短期的无序性依旧主导着行情走势，我依据书中介绍的方法不断地尝试着，期望能够尽快全面领会和掌握这门稳定的创富之道。

只能怪自己学艺不精吧，反反复复的实践，并未给我带来可观的预期，甚至跟我之前的短线搏击效果毫无差异。

我再次因此而深深地陷入了短线搏杀的怪圈中，随屏波动的心态也时好时坏，很勉强的收益效果又进一步激发了冲动性交易，整日忙忙碌碌、进进出出，赌博于市场中，以获得短期快感。

第三部分
2010年，为一年十倍，自信赌徒终得自食其果

过度地交易零零散散地损耗着我有限的本金。

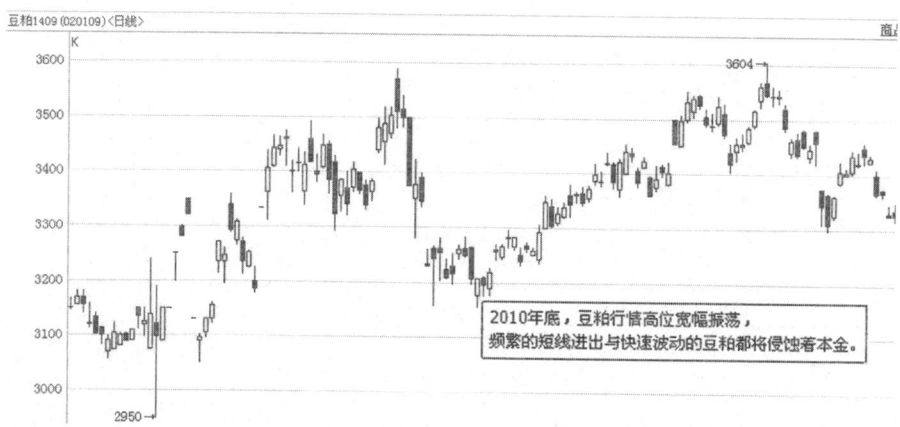

图 15　豆粕 2010 年底的高位宽幅振荡走势图

由图 15 可见，短线交易需要交易品种具备较宽的日内振幅，豆粕的这段走势无疑是短线进出的好时机，但我对《一年十倍》中提到的交易策略的使用效果，跟之前自己闭门造车时期摸索的操作效果差异甚微。自感对书中精华未能领会到位。

写到此，我不由得想起一位唐山的客户来。

唐山一位开工厂的老板，由于工厂所在地被政府规划占用，一次性获得补偿金六千多万。早想转行的这位老板，终于获得了极好的套现机会，手握重金之后，他决定来到我们营业部开户交易期货。

这笔巨款几乎是一次性划入了他的期货户头，自此，这位老板转行到我们这一高环保、无污染的金融行业。

他显然没有意识到期货的风险性，从开始交易的那天起，就一直乐此不疲地几乎满仓杀进杀出。交易手法也是在不断地变化，先是同时忙碌着数十个品种，起起伏伏的行情估计会将他折腾得很乱，再往后交易品种有所缩减，但如此重的资金频繁地市价同时进出，经常留下很大的点差，并制造着行情的临时极端走势。

87

任何重大挫折，对聪明而又成功的人士都是一种打击，这种打击带来的往往是情绪化的反击，坚强、不气馁、从哪里跌倒就从哪里爬起来等，一系列看似优良的品行特征，体现得淋漓尽致。

这位久经商场磨炼的客户，迅速来个大转向，将所有资金集中于豆粕的交易上。变的只是下单手法，不变的仍是重仓参与。他在豆粕上很零散地买卖布局，终于引发了一个新的问题：交易所规则限制。

由于交易思路不是很清楚，一天之内有很多次，他多空都参与，自己前面埋下的买单，过一会自己就又在同一价位上卖出成交了。一天之内自交易明显超过三笔，交易所怀疑这是客户在做对敲，以影响行情走势。于是，交易所将其账户连续封闭三个交易日，严查交易情况。

之后，这样的现象连续出现过三次，期货公司跟交易所都快解释不清了。

客户每天不辞劳苦地大笔资金频繁交易着，他一个账户为期货公司做了很大的手续费贡献，几乎占到了公司的半壁江山。

频繁的交易策略和高昂的手续费消耗，最终将客户拖垮，时隔不到半年时间，带着亏损过半的战绩，客户彻底地离开了期货市场。

很多交易者盯盘的唯一目的，就是让资金得到更高的利用，结果往往造成事与愿违的结局。甚至有的交易者唯恐追不上行情的变化，采用市价频繁交易，又交进去一笔不菲的点差学费。刚刚买进做多的头寸，随着行情的无序振荡，又急促地反手做空，情绪化充斥着整个交易过程。

盈利目标犹如行驶的终点站，一个人在路上频繁地上下车，频繁地换车，结果只能延缓到达终点站的进程。业余投机者被非理性因素充斥着。不断赔钱的交易者彻底失去了控制，总想控制那些自己无法控制的事情。内心深处潜藏的彻底与市场作对到底的决心会越发坚强，结果四处碰壁，带着惨重的亏损彻底地消失于市场。

认错是成熟交易员的一大核心能力。面对亏损心态，最好的办法就是

减仓,甚至停止交易,给自己充足的时机来调整心态。但搏击于短线交易很容易激发情绪化的交易,导致交易者一叶障目,很难辨别清楚自己的处境。越亏越战,越战越勇,越勇越亏,恶性循环深深地主导了交易者。

频繁的短线交易,隐藏着巨大缺陷,每日1%的收益目标看似要求很理性,实际上这是一个高得不可思议的不现实目标,这么高的复利能力如果真能有人实现,那么这个世界将完全由他来主导。但当时的我已经被短线极高的目标所迷惑,一心想着掌握好这门技术,于是《一年十倍》被我再次细细品读,以期从中把握所有关键要素。

第十三章　与铜共舞,纯属心跳游戏

折尽武昌柳,挂席上潇湘。
二年鱼鸟江上,笑我往来忙。
——宋·辛弃疾《水调歌头》

豆粕上的应用失利没多大关系,只要有一线希望,我可以转战日内波幅更大,行情更加活跃的品种,此时铜期货如期进入我的交易视线。

多年以来,铜铝锌等有色金属品种一直不在我的重点关注范围内,这些品种受国际市场影响过大,经常出现一些极端的走势,主力合约的更换也十分频繁,偶尔参与几次感觉不是很适应,对现货产业更是一窍不通。生疏之感从潜意识中一直将其拒之门外。

再次品读《一年十倍》的过程中,隐隐约约感觉作者一直在建议关注波动活跃的品种，对铜的关注也因此有所提升。

冬季里，室外温度让人感觉很是不爽，蜗于办公室盯盘操作，显然是个不错的选择，为给自己的辛苦努力多一些回报，再次将资金利用率发挥到了极限。总期望着赚大钱，对短线的频繁进出也逐步交易上瘾，试图让自己每天都有所收获。

铜价显然更乐于陪伴你，上下翻滚的行情时刻都牵引着我的注意力。追逐于铜市的波动，显然比参与豆粕来得更加刺激，时不时的瞬间暴拉暴砸，更加让人欲罢不能。

为防止极端波动带来的风险，每次进仓之后，我都在合理的位置设置止损出场条件，这一招似乎屡屡奏效，能帮我切实规避很多的反向风险。但也就是这一招，又让我尝尽了苦头。

条件单的成交前提是具备相应的流动性，否则一旦价格触发条件单，但流动性支持不足，你的条件单将自动作废，行情却依旧肆无忌惮地前行。

经过多次的尝试，借助条件单控制风险已经成为一种习惯，这一招也确实帮我解决了风控的核心问题。这段时间我的铜市交易绩效显著，赔少赚多，尽管无法保障每天1%收益，总能实现资金的相对稳定增值。我的账户资金在铜市上也越发集中，后续索性全力转战铜市。

百密难防一漏。一日，铜价在正常上涨中，忽然掉头直下，拉出一根近乎瀑布般的直线来，我设置的条件单此时此刻不起任何作用，直接被全部作废。穿单现象出现的瞬间，给我的账面带来的是巨幅的浮亏。

瞬间的浮亏，吞走了辛苦交易多日形成的累积浮赢，匆忙跟上去止损，这笔损失已经清晰地记录于我的账上。

这一笔输钱我一直视为一次意外，只要能解决这个问题，后续赢利机会将大增，而且临近年根，估算着"照葫芦画瓢"般地借用这段赢利的经验，为自己争取一些过节费。

第三部分
2010年，为一年十倍，自信赌徒终得自食其果

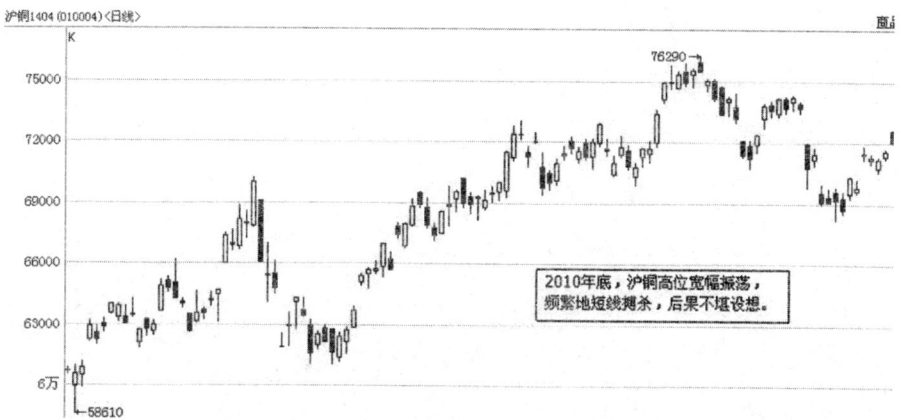

图16　沪铜2010年底的高位宽幅振荡走势图

由图16可见，我们不必担心铜价的行情变化太小，这个品种永远是期市交易的明星，但这个品种的一些固有特性与我的交易系统设计冲突较大。期铜无疑是短线搏击追求活跃性的交易者的最爱。

急切的心理和账面的亏损，总会带来交易的冲动。

我依旧匆匆搏杀于期铜短线，似乎上次的意外已经彻底消除，后续将一切如常。

时隔不久，又一次的小幅穿单照旧掠夺走了我的辛苦积蓄。同一块石头再次将我绊倒。看来，这里的风控出现了问题，但我的交易心态已经完全情绪化，困惑中不断地交易着，而风控问题始终处于无解状态。

投机者一旦情绪失控，不亚于自绝其路！

这段时间我实现了有生以来最长时间的日内短线赢利纪录，保持半个多月不亏一分钱，但最终瞬间的亏损将所有这些赢利一扫而光。

我试图控制自己，但交易显然已经让我为之痴迷，最终迎来的是再次被同一块石头绊倒。

常言道："欲速则不达"，急功近利于市场的短线波动，无数投资者被短期的无序性所扼杀，如此"自愚自乐"的做法，实在值得仔细反省。

尽管市场上不时会有短线高手短期盈利数倍的消息传出，但这个做法实在不适合我。加之精力高度集中，每每收盘后感觉头昏脑胀，我不得不对自己的交易策略做出深刻的反思。

或许是我学艺不精，或许是我的个性根本不适合交易短线，《一年十倍》对我来讲犹如一场梦，除去对短线技术指标的应用有所强化之外，几乎一无所获。理论上貌似成熟的短线交易策略，在实际操作中时刻考验着我们的风控系统，市场无序性是这一策略的最终导火索。

期货交易，任何的悔不当初，又有何意义？期货投机上寻找后悔药，对参与者几乎没有任何价值。就我们所有的聪明才智来看，我们注定要被市场随机性或短期无序性所愚弄，注定要为黑天鹅的出现而惊讶买单。

沪铜这一役之后，铜铝锌等有色金属被完全剔除出我的交易范畴，之后的交易策略转变，与这些频繁更换的合约，更是显得格格不入。

日日忙碌，月月辛苦，岁岁无果，我不得不为自己的交易努力寻找新的出路。我的交易策略务必做出显著而又彻底的改变。

回想这一年，我所闻所见的交易者亏多赢少，甚至亏损是必然，赢利是侥幸，我给自己充足的时间来调整反思。

这一年，我用工作的微薄收入来维持自己的不良操作习惯，自己也试图去改变现状，不断转换操作的策略，但孙悟空再能变，也逃不出如来佛的手掌心，我需要的不是零修细改的细节完善，而是操作策略的大转变，重新定位。

频繁地短线交易一直是我追求提高资金利用率的必然途径，但这块场地带来的伤害远大于收益，带来的情绪化波动更加影响深远，众多的缺陷集中于这一领域，减少操作频率，告别短线交易或许才真正符合我的交易策略。

所有交易者都想把别人打败。但不合理的策略将决定你只能被别人打败。理论上不具备赢利的机制，实践中更没有机会实现盈利；理论上具备赢利潜质的策略，实践中还有待检验。

所有交易者要想实现相对稳定的收益，永久地进行自我教育，不断反省、反思自己所犯的错，总结自己的赢利经验，才是最根本的出路。

第十四章　创富效应史所未见，期市财富不仅仅是故事

> 赚钱使交易者感觉自己很牛，而且让他们情绪高昂。他们想再次情绪高昂，于是做出一些草率的操作，结果把赚到的钱又还给了市场。大多数交易者无法忍受连续出现重大损失所带来的痛苦。极少数幸存者认识到，问题的关键不在于他们的交易方法，而在于他们的思想。他们可以改变思想，从而成为成功的交易者。
>
> ——亚历山大·埃尔德（美国）《以交易为生》

若论2010年最具创富潜力的行情，恐怕非棉花莫属。

棉花自上市交易以来，长时间处于不温不火状态，2010年上半年的棉花始终处于18000下方来回振荡，有谁曾料想到年底前棉花会飙升至34000多，如果有参与者在上半年买进拿着不动，到年底前其资金账户将会因棉花而暴涨10倍，如此创富效应凝聚于此，难怪棉花成为当年众多交易者谈论的核心话题。

正所谓"时势造英雄"，如此极端的行情，必将造就数不尽的财富故事。

我朋友的一位客户，据说是在从事着棉花产业的某个环节经营，多年

以来一直在交易着棉花期货，频繁的交易并未能显示出其过人之处。勇者无畏，他的交易手法一直就是重仓参与棉花这个单一品种。

在这波棉花行情发酵过程中，他更是全程满仓介入，也就是我之前讲过的"时刻满仓浮赢加多"策略，良好的时机把握，让其参与得更加从容，早在棉花启动上涨行情之前，他的多头仓位早已布局到位，滚雪球般形成的巨额账面利润，激起了他的赌性。这一波上涨行情，造就了他这个神话般财富故事的创造者，由初始投入的600万资金，短短数月之间，迅速膨胀到数亿的财富，创富之效率世所罕见。

据说之后的棉花下跌行情，他又如法炮制。前后不到一年时间，创造20多亿的账面财富。期货的创富效应，在他这里发挥得淋漓尽致，真乃期货市场的"棉花神人"。

期货交易市场，无疑是个负和游戏，在财富光环聚焦于某个角落的同时，一定会有苦苦挣扎于另一个黑暗角落的散财星正在备受煎熬。

我的一位客户，之前他从未交易过棉花这个品种，棉花的启动上涨自然不会受到他的关注。就在棉花快速上涨至26000以上之后，整个市场参与者群情激奋，多头势头越发凶悍，他却去大胆撞墙，26000以上随着棉花的上涨而不断卖空累加。任何人的劝告都被视为耳边风，他不相信棉花会无限上涨，一定要等到棉花从天花板上摔下来。

投机者的情绪失控，无异于自掘坟墓。

显然，这位客户在棉花上杀红了眼，他先是将其他品种都陆续平仓，资金转而卖空棉花，再就是每次爆仓都追加更多的资金进来，持续多次之后，棉花不见任何回落迹象，眼看已经冲破30000整数大关，他的后备资金已经出了问题，再也没有资金追加进来补仓。

再次的爆仓还没有扼杀他的侥幸心理，恐怕这是他在处理爆仓这个问题上采取的最糟糕的策略。期货公司的风控人员每次通知他处理爆仓仓位，他总让风控帮他砍掉一部分持仓，以此来降低风险头寸，连续的砍仓之后他的资金再也熬不到行情反转的时刻，最后全部平仓之后只留下了可怜的一点零头资金，绝大部分资金连个响声都没听见，就已经烟消云散。

巨额的亏损带来的不单单是资金上的问题，更影响到了他的家庭和谐。

任何不受约束的经济行为都将会由于自身的规则而崩溃。棉花行情的无节制上涨，终究会深刻影响到实体产业，当整个产业深受其害之时，棉花的上涨也就难以为继。

快速攀升上 33000 以上的棉花，再也没有能力继续疯狂，洗劫完空头持仓之后，棉花开始回过头来考验多头的耐性。回头滑落的棉花一点都不逊于上升的势头，很快棉花又返回 24000，快速的直升梯行情足以洗劫完所有的重仓参赌者。

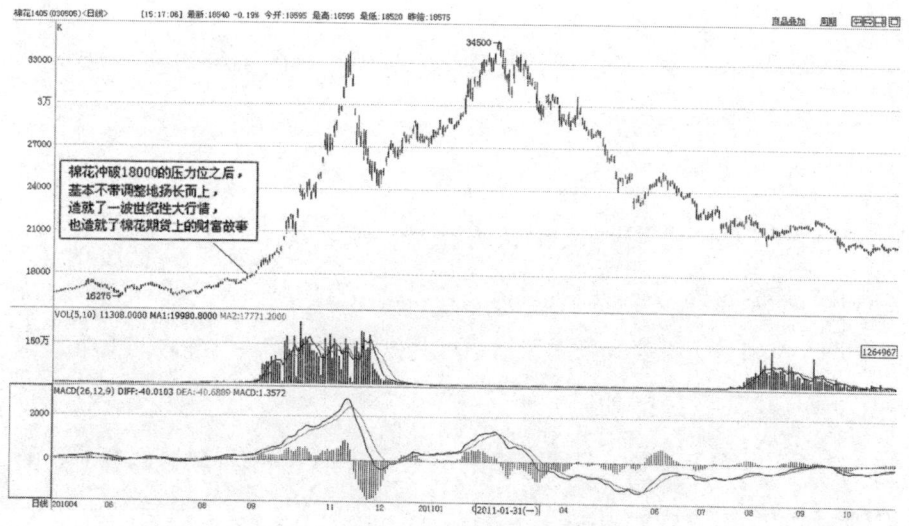

图 17　棉花 2010 — 2011 年走势图

由图 17 可见，棉花冲破 18000 元的历史压力位之后，行情一发不可收拾，如同坐上直升机一般，直奔 30000 以上，顶部的行情振荡之剧烈，更是世所罕见。剧烈的波动在创造财富故事的同时，也洗劫了无数的重仓参赌者。

棉花行情的持续发酵完全展现了期货市场杠杆的魅力，成王败寇更显其公正性。

我对棉花的关注并不多，也就是这波行情才真正引起我对棉花的兴趣。但在我意识到棉花行情之时，已经不敢再去实际参与。只得耐心等待棉花回头再度出现好的机会。

"棉花神人"的操作策略着实引人深思，我曾多次思考如何能有效执行这样的策略于行情风起云涌之际，这样我一年只要能捕捉到一波行情即可大功告成。但多年的操作经验证明，想在期货市场上以如此手法操作绝非等闲人所能为之。

学会期货交易需要花费艰辛的劳动、时间、精力和金钱，历时多年未必能磨就一把锋利的匕首，意欲追求如此高风险的目标，恐怕带来的更多是重伤。

"棉花神人"有其自身的巨大优势，对现货产业的深刻理解和深入了解是他多年辛苦工作的杰作，没有这些基础，即便棉花行情再大，也未必会有真正属于他的一丝一毫。静下心来，深入了解产业状况，并及时跟踪产业发展，无疑是优秀操盘手必备的素质。

在正确的时机，安全的机会出现，浮赢加仓无疑是一个迅速积聚财富的良策，我们是否需要寻找属于自己的特定优势模式，执行这一策略，着实值得交易者好好反思。

交易本身并无色彩，只因个体的差异造就了诸多交易的喜怒哀乐、爱恨情仇。

临近年根儿，我必须停下来重新思考自己的操作方法和策略，这一年的交易更是波澜不惊。从瞬间翻倍到深陷短线亏损，尽管这一年没给我造成实质性的亏损，但显然我离稳定赢利尚需时日，需要改变的东西太多太多。

第四部分

2011年，志在长远，策略大转型考验

第四部分

2011年，志在长远，策略大转型考验

"从来都没有什么救世主，全靠我们自己救自己。"

——摘自《国际歌》

"我花了八年的时间，才学会足够高明地从事这个行当，在我判断正确的时候足以让我赚到大钱。"

——杰西·利弗莫尔

只有在水中才能真正学会游泳。交易者只有在交易中才能学会交易，期货交易是条异常忐忑之路，只有靠自己才能在这个深不见底的大海中学会游泳。

多年的交易并没有给我带来稳定的创富能力，静下来冷静思考，反思总结，期货交易远不至于仅仅在几个点的波动上弄潮，退一步海阔天空，降低自己的不切实际的预期，足以给自己留出更多的机会。

凡事皆有两个方面，然而，期货交易只有一面，既不是多头面，也不是空头面，而只有正确的一面。

期货市场上的成功绝对不是凭借您的忙碌作为，而是依靠您的无为和

修养。正确的判断仅仅是获利的一个细微组成部分，耐心的等待显得更加弥足珍贵，意欲给自己充足的获胜机会，没有足够的安全边际，没有合理的资金管理策略，全凭匹夫之勇，重仓搏击，最终伤害的只能是自己。

财力不足，智力来补。

人要花很长时间才会从自己的所有错误中学会全部应得的教训。给自己留更大机会来赢得这场游戏的唯一办法，就是让自己的盈利预期更加合理务实，规避不期而遇的意外伤害需要多元化、结构化的策略来分散风险。

期货交易是一个对与错博弈的舞台，没有人能消除错，也没有人能永远对，只要对战胜错，就有机会长久获胜，这只是一个概率事件，亏小钱、赚大钱才是这个游戏可执行的最终方式，保守的防御性资金管理策略有助于我们从更多的机会中博得概率上的胜率。

投机者的主要敌人永远来自自身的困扰。2011年，降低预期目标之后，不求大富大贵，只望磨炼适合自己的交易策略。

古今之成大事业、大学问者，必经过三种之境界：

"昨夜西风凋碧树。独上高楼，望尽天涯路。"此第一境也。

"衣带渐宽终不悔，为伊消得人憔悴。"此第二境也。

"众里寻他千百度，蓦然回首，那人却在灯火阑珊处。"此第三境也。

此等语皆非大词人不能道。然遂以此意解释诸词，恐为晏欧诸公所不许也。

——王国维《人间词话》

第四部分
2011年，志在长远，策略大转型考验

第十五章　盛极必衰，几近上天的螺纹将何去何从

> 盲目而频繁的交易是造成华尔街投资者亏损的主要原因，即使在专业投资者中，也是这样。但我必须做正确的选择，我不能草率行事，所以我静等着。我赚大钱的秘密就是我常常只是静静地坐等。有些华尔街的呆子，他们认为要不停地做交易。任何人都没有足够的理由，每天买进卖出。
>
> ——杰西·利弗莫尔

饱受行情无序振荡折磨之后，我静下心来给自己充足的时间思考交易策略问题，我必须从根本上改变以往的短线搏击战术，找寻属于自己的盈利模式，争取能够按照一定周期稳定增值。

临近春节前后，适值我儿子即将出生，多数时间忙于照看母子俩，行情走势只能是偶尔通过手机浏览。

其他品种的走势倒没有特别地引起我的注意，但螺纹在元旦过后不久，已经攀上5000整数大关，创造了历史性新高。期货市场上无新鲜事，行情盛极必衰，我思量着如何在螺纹上有所作为。

一边忙于生活琐事，一边思量着捕捉期货机会。我不得不在资金管理上做好充分的预算，免得顾此失彼。

我在螺纹上做了充足的准备工作。总共计划预算一半的仓位做空螺纹，在螺纹高位上升过程中，陆续预算20%的空头于5000到5500之间均匀分布，等待螺纹跌势确认，再陆续追加30%的仓位。

高利润的产生需要有大行情的配合，市场不给你机会，任凭你再多努力也无济于事，欲速则不达，过犹不及。日收益1%的目标过于遥不可及，年化收益百分之二三十已经完全可以满足我的胃口。

在我将预期目标调降下来之后，参与交易的情绪化问题迎刃而解，明显感觉自己参与交易轻松了很多。

我的首要任务就是摸索符合我个性特点的交易方法。

市场给我提供了盈利的机会，就看我如何去把握。

我为螺纹的高位上扬预留了足够的安全边际，事实上，螺纹仅仅勉强上涨到5230就再也爬不动了。到此为止，我的总持仓还不足10%，螺纹的高位犹豫回落为我提供了更加安全的做空机会。在螺纹逐步下滑的过程中，我尝试不断累加空头持仓。朝一个业已产生账面利润，并且利润在逐步增大的方向上加仓的做法，让我感觉持仓之后非常轻松，没有丝毫的压力和情绪化干扰。试探加仓这一做法在一些国际投资大师中早已广泛采用，这需要投资者具备严格的资金管理策略，以雄厚的资金作为后盾，是短线频繁进出无法媲美的一种交易策略。

这次对入市时机的把握十分关键，不仅为我赢得了策略上的优势，更让我的交易心理十分舒畅，真正做到了家庭、交易两不误。

在我的预算仓位布局到位之后，行情也十分配合，鲜有调整地一路滑下去，为我实现了2011年度的开门红。

巨大的账面利润显然已经为我锁定了螺纹此役的胜利，本计划着让利润多飞一会，一场震惊全球的事件——日本"311"地震突然爆发，唤起了人们对螺纹钢出口需求的预期。毕竟震后重建需要大量建筑材料，借此螺纹行

第四部分
2011年，志在长远，策略大转型考验

情出现回升。面对如此大的不确定性影响，落袋为安不失为上上之策。

期货交易永远是在赌概率事件，你无法规避犯错，只有牢牢抓住应有的赚钱机会，把利润赚足，犯错时才能赔得起。

意外事件可以把精心编制的计划瞬间打个粉碎，在期货投资事业遭遇的各种绊脚石中，无法预料不期而至的意外事件频繁地改变了很多人的命运。在螺纹犹豫徘徊的这个平台上，我陆续保全了账面的大部分资金，也为自己彻底赢得了这场游戏。

这场开门红杰作激起我内心深处深层次的体会与反思。这是我多年操作以来，首次依靠自己的智慧，既不带任何侥幸，也不带任何感情色彩的操盘胜战。首次依靠自己的力量改变"盈利靠运，亏钱是命"的悲哀局面。

期货交易不仅需要可行的战略策略，更需要交易者辛苦地探索，找寻一条适合自己个性特点的制胜法宝。

趋势永远是我们最好的朋友。只要趋势存在，永远不会因太高而不能买进，或太低而不能卖出。

在执行此次毫不侥幸的策略之间，不要忘记我的另外一个身份——经纪人。

由于集中服务着较多的钢材产业客户，我对自己稍有把握的钢材行情分析总是借助多种方式指导着客户交易。在螺纹5000之上的看空策略指导客户时，有两个客户也持有相同的观点，但我们参与方式的差异直接决定了我们之间的操作效果。

生活中的急功近利会把人累倒，交易中的急功近利会把本金累少。

这两个客户均在5000多的价位重仓做空螺纹钢，当螺纹行情继续上扬之际，他们急得有如热锅上的蚂蚁，就是不忍心减仓。这种操作上的一次到位，不给自己留下任何安全边际的做法，总会带来更加高效的亏损。

当螺纹钢行情推升至5200多时，他们仓位亏损严重，先后忍耐不住，又被迫平仓于反向高点。

把自己的思想装进别人脑袋里是多么一件困难的事！

指导客户交易与亲自实盘操作是两个截然不同的行当，二者之间差异极大。这么多年来，我从未见过能靠别人指导赢利的交易者，这里面存在着很多的问题，即便指导者交易水平很高，想要指导别人赢利也无异于异想天开。出于工作需要，我对一些相对安全性高的买卖机会会陆续提示给客户，但很少能有客户会依此行事。偶尔会有个别客户跟着交易，真正能一起捕捉到行情的就更少之又少。

同样的行情，同样的时机，同样的市场，一切都是那么的公正，我们都持有同样的观点，但由于策略的不同，我给自己留下了足够的盈利机会，也最终赢得了这场游戏，而我的那两位客户却为自己的鲁莽付出了惨重代价。如此看来，资金管理无疑是交易者制定策略的一大核心环节，单靠行情方向的预测是无法长久游刃于如此残酷的游戏体系的。

尽管我对螺纹大势走向一直看淡，但显然日本地震已经完全打乱了螺纹行情的走势，在此后长达半年的时间内，螺纹行情就是上下宽幅振荡，毫无方向可言。无序的横盘振荡带来的只有机会损失，与此同时，其他品种却更多地呈现出显著的方向运动。

尽管我在螺纹上早已在日本地震期间及时减仓多数，也及时保住了到手的收益，但螺纹上依旧保存着一部分头寸，一方面考虑到自己的客户群体多数是跟钢材相关的，保持一部分仓位让自己对钢材行情也有个及时的跟踪了解，便于服务客户，另一方面还是寄希望于螺纹能继续下挫，以期带来更多收益。

胜算不大时，减少下注头寸；胜算大时，增大下注头寸，无疑是期市博弈中一种极为可取的策略。但又有多少交易者能够松弛有度地游刃于这

第四部分
2011年，志在长远，策略大转型考验

场残酷的游戏。

长期的横盘宽幅振荡对趋势交易者无疑是一种巨大的精神折磨，更可能是一种机会损失，造成的机会成本不可估量。时上时下的快速波动对重仓频繁交易者极具考验。

面对无序的行情走势，冷静旁观等待更能彰显一个职业交易者的素质。从此意义来看，这段时间我对螺纹的参与无疑是个巨大的错误。

基于螺纹基本面的判断，我始终看空螺纹后市，但行情迟迟不出方向，多次逢弱加空，逢强减磅之后，这段震荡走势能实实在在带来的收益微乎其微。

经银行一位朋友介绍，认识了一位现货业务颇具规模的钢材贸易商老板，这段上下翻滚的螺纹行情对他来讲显然已经不再是折磨那么简单，巨额的资金参与这种行情对他来讲无异于博彩。据说他最近被市场无序的振荡猛咬一口，亏损惨重。

我们的第一次见面约在他的老板室里，内部异常豪华的欧式装饰风格，直接说明他事业上的成就非同一般。但他的精神状态显然很差，巨额的亏损让他呼吸稍显困难，老板桌边架着吊瓶支架，时刻不停地为他输液补充着能量。

他是一位兢兢业业的老板，身体状况已经很糟，依旧坚持伏案工作，时不时有属下过来找他签字或商议一些事项。自己辛辛苦苦打拼来的血汗钱，屡遭期货市场洗劫，他已经对期货交易丧失了信心。

他是一位精明的商人。自觉没有在期货市场上渔利，他跟我提出了一个奇异的合作方案：他来投入一笔资金，由我来负责操作，但每个月他要从这笔数额中提取2%作为成本，再有赢利的部分我们五五分红，如果出现浮亏，我得每个月及时给他补齐亏损。

这个方案具有的不仅是挑战性问题，更重要的会直接推向信用问题。

这位老板精明到他不想承担任何一丝一毫的风险，就能从期货市场上按月复利受益，而所有的一切风险都将直接转嫁给操作者。

这么一个显失公平的方案，我自然无法接受，这个话题更没有继续谈的必要。

周瑜打黄盖，一个愿打一个愿挨。自然有人不知深浅地会接受他的合作方案，此为后话。据说，后来有人确实按他的这套方案跟他有合作，结果还没到两个月时间，赔给他几十万资金，不欢而散。

他略带应付地跟我咨询对钢材后市走势的看法，我自然按自己的理解来分析。行情不会永久地按一个模式运行下去，久经盘整的洗荡，一旦出现方向必将有所作为，八月的行情已经高度凝滞，预示后市极有可能出现可观的行情。

口说无凭，他显然不乐于听太多的大道理分析，接着又一个奇异的事情出现：让我帮他在纸上将后市走势画出来分析。这个做法史所未见，预测市场走势将被书面化精确记录下来。

我一直在关注着螺纹走势，对后市也有一些自己的观点，于是我再度仔细浏览近期行情走势，当时4700多的螺纹已经凝滞于上下50点的狭窄区间徘徊，一旦打破局面，出现大行情概率极高。于是我果断作出了最大胆的预测，将4700多的螺纹行情直接看到4000左右，并建议他控制好仓位，陆续布局卖空，并将止损位也一并列出。对于万一出现上涨走势，我的建议是，宁可错过，不可做错。没有必要为高位拼死一搏的微微上扬而倾注心血。

当时的判断主要基于如下几点：

第一，长达半年的横向宽幅调整，已经为螺纹市场制造了足够多的噪音，行情不会永久这么下去，调整周期一到，必将有方向选择。

第二，震荡幅度的收窄预示着行情的酝酿，这将为大笔的投机机构资金进场提供很好的机会。破位可能已经为时不远。

第三,现货供需失衡严重,微弱的需求缓慢地消化着严重过剩的产能。

第四,按照螺纹钢的行情走势规律看,通常一波成规模的行情会走出1000点左右,我向下看800点左右应属正常预测。

如果给无序的行情选择一个方向,向下突破无疑是最理想的结局。

当我的观点清晰地显示于纸面,呈现于这位老板面前之际,他不住地摇头,嘴里念念有词:"这怎么可能?根本不可能的事!"显然我们之间对后市的看法出入不小。

这位老板对期货交易显然仍处于一种混沌的交易误区之中:想赚大钱,先预测市场下一步的动向。但他的预测显然又很保守,后来的行情走势着实证明了这一点。

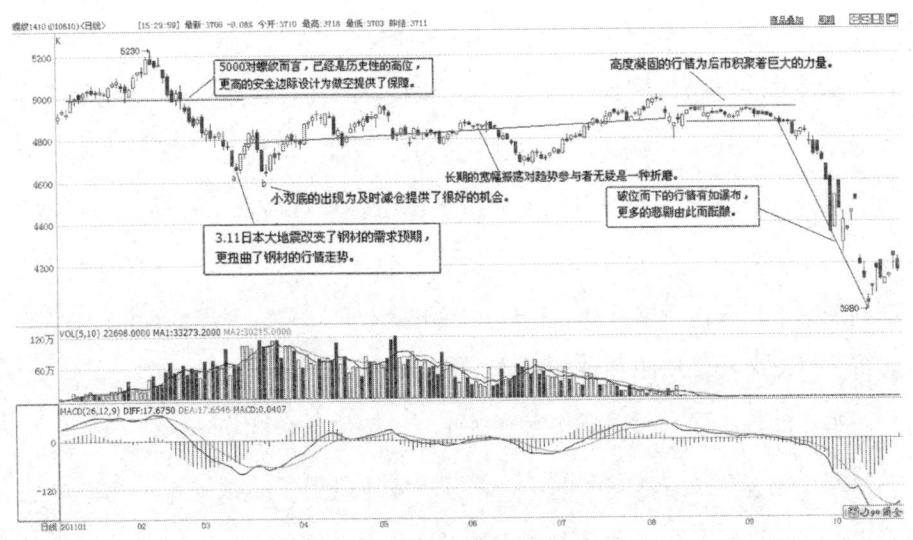

图 18　螺纹 2011 年整体走势图

由图 18 可见,年初的螺纹创造了历史性高点,盛极必衰为交易者提供了极佳的做空机会;之后长达半年的宽幅洗盘,无疑是交易者最难捕捉的行情,市场不给你机会,你想有所收益,实在太过苛求;国庆前的行情打破了螺纹平静的局面,有如瀑布般挂出一组漂亮的K线。

通常,行情警告信号总是先于行情而出现!凝滞的行情不断提示着后市的交易机会。于平静时建仓,于活跃时出局,无疑是一个理性的交易者最可控的参与策略。

我在这段凝滞的行情波带上,又适当地加了一些空头持仓。

九月已近尾声,行情缓缓地打破以往的平静状态,下行已经迫在眉睫。侥幸的多头仍旧负隅顽抗,但行情鲜有起色。临近国庆之前短短一周时间,行情势如破竹,在屏幕上醒目地挂出一道美丽的瀑布线,验证着我的正确预期。

落袋为安皆为赢家。国庆之前,为避免长假带来突发的利好冲击,我减仓一半。行情也在这个关键节点,上下猛突,洗刷无数。

把交易视为一锤子买卖,永远是错误的。

前面那位老板确实把握住了这个下跌过程,但遗憾的是,他只是个半程冠军,这几天的宽幅振荡让他迅速撤退,并来个180度大转弯,全力抄底,这或许就是他之前面对我的分析不住地摇头的原因。期货市场不会给任何侥幸者留足思考的机会,也不会因你的以往成就而对你有所关照,再次的加速下行在他犹豫之际,已经连蹦带跳地将其拖向无底的深渊。之后,就再也打不通这位精明老板的电话。

想在期货市场上赚钱是个辛苦活儿,可赔钱却总是一次到位。

螺纹主力径直杀向3800多,毫不留情地逼走了无数的反向持仓。尽管我的持仓已经很少,我还是借助这几天的加速下滑,陆续出清所有的剩余仓位。

期货在重新配置参与者财富的同时,也制造出了各色各样的故事。

就是这波下跌行情,将山西一位从事钢材贸易的业务经理送进了牢房。

他在山西一家规模很大的钢贸商从事销售业务,早先就已经接触过期

第四部分
2011年，志在长远，策略大转型考验

货，曾让某家期货公司的员工帮助操作，享受到了期货市场带来的效益。借助工作之便，他想到了一条扩大期货操作资金的妙计。在将所有经手钢材略微低于市场价格几元快速出手的同时，他坚决要求下游客户马上付来现金，这样他可以给公司晚入账两个月，就借助这两个月的时间差，他想在期货市场上好好利用这笔资金。

当巨额的资金陆续到账之后，他甩开期货公司的员工，亲自操刀入市。

结果，国庆之前爆发如此极端的行情，他始料未及，惨亏几千万资金进去。藏而不报是众多亏损状态下交易者的一大共性，直到纸里包不住火，只能选择投案自首。

如此一来，山西钢贸商尽人皆知，谈期货而色变。

在对正确的奖励、对错误的惩罚方面，任何一个行业都没有期货市场这么公正、快捷。侥幸的财富梦让自己遭受牢狱之灾，实属得不偿失。

这一年，尽管螺纹耗时半年之久的宽幅振荡消磨了我不少宝贵时光，但前后两次稍有规模的趋势运动均被我有效捕获，可谓对我的账户增值作出了不小的贡献。

此役功过显著，值得细细反思。

交易退市技巧分析

有不少投资者会进不会出，进场点选择得很好，但出场总是留下种种遗憾。

合理的退出，关乎投资大局。但退出策略因人而异，与投资者的策略有关，是投资者交易方法、交易系统的有机组成部分。

我们可以借鉴国际投资大师的一些退市策略，来完善自己的退市策略

如下汇聚了巴菲特、索罗斯、罗杰斯等成功投资者的退市方法：

第一，投资对象不再符合既定标准。

优秀投资者入市交易均会有自己的交易标准,退市自然属于这一交易范畴的有机组成部分。

当迪士尼不再像那个专业制作像《白雪公主和七个小矮人》这样的永恒经典之际,该公司已经完全迷失了其投资主方向。他的首席执行官迈克尔·艾斯纳的爱好让巴菲特感到不安。在网络繁荣中挥金如土的迪士尼将大把资金投入像GOTO.COM搜索引擎这样的网络中,并且购买一些像搜信这样的亏损企业之时,迪士尼已经完全不再符合巴菲特的既定投资标准了。遭到这位国际投资大师的抛弃已属必然。

第二,当执行的交易系统所预料的某个事发生之时。

一些投资是以特定的事件发生作为前提假设的,当这些特定事件尘埃落定之际,即为投资退市良机。

索罗斯当年狙击英镑事件,完全以英镑贬值作为入市假设,最终英镑被踢出欧洲汇率机制,即是其退出时机。

对泰铢的狙击更显英雄本色,此举不仅击垮了泰铢,也搅乱了亚洲金融市场,更为索罗斯的全身而退奠定基础。

这些特定事件的成败直接关系着投资的成败。

第三,既定目标得以实现之时。

有些投资会有既定的理想目标,当目标实现之际即是离场时机。这也是投资业务的一种最理想化的效果。

第四,系统信号的出现。

在一些技术交易中,借鉴某些特定的技术指标或者图标等参与交易,当行情转势信号出现之际,即为退市之机。

第五,机械性法则

那些精于精算的投资者经常会采用这种办法,或者某些程序化交易系统自动设计如此。这完全源于投资者的风控方法和资金管理策略。

第六，认识到自己犯错时，及时纠正错误退市。

1997年香港回归祖国，索罗斯想借机击垮港币，搅乱香港经济，当他意识到中国强大的力量后盾之后，立即果断撤退。

1987年美国经济陷入混乱之际，索罗斯持有大量头寸，当他意识到自己的判断错误时，立即认输出局，大量资金的逃逸也创造了美国有史以来最大的单日跌幅。

第七，不期而遇的重大事件发生，往往会改变行情的运行轨迹。

美国"911"恐怖袭击改变了美国股市的大势趋向，本·拉登的击毙迅速扭转了黄金白银等避险工具的强势，"311"日本大地震扭转了螺纹的颓势等，一系列难以预期的大事总会给资本市场制造很多惊奇。

第八，预期中的风险窗口需要提高警惕度。例如美国债务上限纠纷，逢年过节等长假，美联储议息会议等。

合理有效的退市策略，还需要结合个人的具体交易策略来完善，水无常形，市场无常态，符合个人的实战策略才是最有效的。

第十六章　坎坷跌途，捕捉趋势行情何其难

> 在投资方面的培训，无论多么精妙，多么全面，对个人来讲都是埋下了不幸的根源。许多人都是由此被引入市场，初期小有收获，最终几乎人人惨败。
>
> ——本杰明·格雷厄姆

就在螺纹宽幅振荡的过程中,我的部分资金一直在关注着棉花的变动,2010年棉花行情的爆发吸引了我的关注,但迟迟未敢再去追涨,直到年后发现棉花已经逐渐走弱,因此特意预算部分资金来参与这波下行机会。

棉花的整体波动特性我一点都不熟悉,之前从未真正参与过这个品种,因此尽管参与资金不多,但也十分谨慎,我给棉花的波动留出了很小的安全边际。

棉花的这波下跌过程,与之前的上涨过程显然有着天壤之别,再也没有当初那种一鼓作气直上云霄的感觉,跌跌涨涨的循环走势让人感觉很难适应,也把握不准很好的进出场机会,每每在你因担心继续上涨而退场之际,行情却又迅速下滑,随后继续追空而下,你的仓位刚刚建好,行情又逐步拉起,让你的持仓变为负值,无奈之下又不得不减仓退出。

市场永远是正确的,不需要任何原因或借口。有的两三天后会得知原因,有的永远没有任何理由。棉花的这波下跌过程,近乎跟我玩捉迷藏,我总是很难捉到它的运行轨迹。

亏损不是什么大问题,这些小的亏损,已经纳入我交易计划的一部分。但棉花上显然很难给我带来收益,我对这个品种的波动特性太过陌生,几个来回之后,未见任何实质性进展,我只得重新调整在这个品种上的策略细节,将参与资金再度缩小,相应地尝试将安全边际放大到一个较宽的范围内,基本能够护得住这波下行走势的最大压力区域,这一调整尽管资金上的增值速度并未显著增长,但棉花的宽幅振荡已经很难再将我的持仓逼走。

隔行如隔山,尽管同样是期货交易品种,但每个品种之间的波动差异、走势规律有天壤之别。就棉花期货上交易的统计来看,我亏损的次数比赚钱的次数要多很多,但最终盈亏基本实现了平衡,最后的细节调整为我赢回了所有缴纳的学费。

同样是这波棉花下行过程中,据说那位"棉花神人"竟将已经赢来的

第四部分
2011年，志在长远，策略大转型考验

几个亿资金变为二十多个亿。但我却只是伴随行情的运行走走过程而已。早在他将600万资金借助棉花增值为几个亿的时候，那种创富效应已经不得不让人深深地反思。如今面对同样的行情机会，现实的巨大反差无疑让我自愧不如。

对棉花这波行情的参与，让我对期货操作的反思更加深刻。

要想在期货市场上成为赢家，必须有合理有效且符合个性的交易策略，并严格遵守规则，果断采取行动。我的交易策略显然不是很成熟，还有很多地方有待完善。

交易者总是在不停地重复同样的错误，而类似的错误衍生品又有无数种，我们无法意识到自己面临的所有错误，但只要在亏损，就一定存在某种或者多种错误在牵制着我们，交易者需要刻意去发掘自身的错误，不要再犯已经意识到的错误！

当棉花行情上下翻腾之际，我的持仓总是被逼而出，很难实现利润，当做出细微的调整之后，安全边际被放大，参与资金被缩小，直接降低了我参会的心理压力，同时也带来了棉花的一波下跌末端利润。

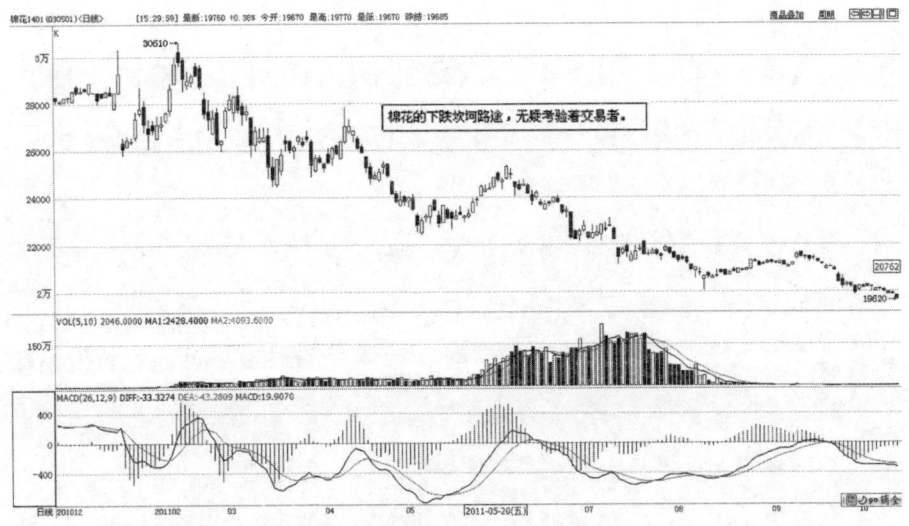

图19. 棉花2011年整体走势图

113

由图19可见，尽管事后来看，这波行情棉花整体趋向清晰明了，下跌走势毫无疑问。但切身参与者在随着行情的坎坷下行过程中，多次出现的快速上拉，将很多做空的交易者逼仓出局，想要成功地捕捉这样的行情机会，需要交易者具备成熟的交易心理和对棉花走势特点的深度掌握。

期货是个十分危险的游戏，想要深刻掌握这一游戏成功的秘诀，必须全力以赴地研究交易。不但要研究一些技术性的分析技法，更要研究关联产业的变动特性，动态地熟知产业供需特征，才有机会捕捉更大的趋势机会。

"棉花神人"多年以来一直游刃于棉花市场，对棉花这个品种的供需变动、产业特征、行情趋向了如指掌。棉花疲软之际，他也很难有所作为，但棉花这一史所未见的行情机会非他莫属，不精通现货行业状况的交易者，很少能够捕捉到这样的机会。更多的技术型交易者早已被行情远远被抛弃，一旦出局再进来追涨追跌需要更大的勇气。

据说就在棉花那波上涨行情启动之际，曾有国内某家知名棉花企业建议所有员工在期货上买进棉花，并为他们提供担保，之后又指导买进期货的员工在高位及时撤离，可见棉花的这波上涨行情绝非无源之水、无本之木。或许这才是期货市场给予交易者最安全的机会，但又有多少人能娴熟地把握这种机会。

此后很长一段时间，我陆续阶段性地对所有活跃的期货品种都分散有很少一部分仓位，不期获得多大收益，只望能够把握这些品种的波动特性，以便有效地捕捉后市的天赐良机。

期货市场出现的一些技术安全性极易拉动交易者的信心极限，也正是这种安全机会给交易者带来了最不安全的结果。很多靠技术分析进行交易的投机者，久经市场磨炼，自恃交易技术过硬，往往在一两次自认为极度安全的技术形态下重仓出击，最终品尝到了败走麦城的苦果。

不下注不知输赢，但只能赢不能输的注永远都不要下！

我在棉花市场的交易依据基本都源自技术分析，但行情无情的反复让

第四部分
2011年，志在长远，策略大转型考验

我受尽折磨，屡次下单都以失败收场，幸好我的持仓并未因为技术信号的出现而鲁莽地无限放大，否则我很难熬得过棉花的洗劫。恰恰相反，我做出了与以往交易中截然相反，而又最为明智之举，屡次的失利让我感觉自己的交易策略不成熟，尽快减仓为我赢得了棉花的末端下跌机会。

面对行情无序的震仓洗礼，交易者需要多一些坦然，增加一分理性，方能更加从容地面对。很多时候，交易者在正确地判断方向的同时，重仓去追逐这种机会，往往会在行情的轻微震仓中亏损惨重，被逼出局。金融市场上的不确定性太多，你的分析能力再强，也需要为自己的资金安全留出足够的回旋余地。否则，你所认为的最安全的机会将造就最大的亏损。

棉花前后一年时间的财富效应，足以告诫交易者没有必要天天交易，顺大势交易才是这个市场的立命之本。低买高卖——一个显而易见的常识，在这个市场似乎并不实用，无数的投机者为此付出了惨重的代价。正如伏尔泰所言："常识并不如此显而易见。""高买更高卖、低卖更低买"才是追逐市场趋势的有效手段，永远不要因为价格已经比较低而不敢再卖，也不要因为价格比较高而不敢再买。价格始终沿着阻力最小的方向运行，趋势才是交易者最好的伙伴，趋势的核心表现就是：没有最低，只有更低；没有最高，只有更高。棉花断断续续地不断刷新着低点的记录，价格客观而又清晰地告诉我们，这就是下行趋势。

交易者在期货市场摸爬滚打多年之后，会逐步形成自己的交易习惯，这些长久以来形成的习惯将直接影响并决定交易者的成败。有些人经年累月地交易着，但也经常玩过山车游戏，时不时地来个大退步，将自己辛辛苦苦创造的财富，又拱手交给了市场。显然这类交易者的交易习惯尚不完备，实现稳定的盈利增长尚待时日。交易者的成熟需要平时无数微不足道的细节积累，汲取自己以往交易中的成功与失败的经验，不断完善自己的交易策略，需要时间来慢慢检验。

第十七章 取经大师，大师是否真大师？

> 进行投资是种乐趣，以你的才智与广大投资群体抗争，并发现它们正以高于你工资的增长率递增，是件令人兴奋的事，而学习在金融投资形式中出现的产品、服务和创新的新概念，也是件够刺激振奋人的事情。一个成功的投资者，通常是个考虑周全的人，能用天生的好奇和有理智的兴趣进行工作以赚取更多钱财。
>
> ——伯顿·马尔基尔

以前，一些好的医生为了尝试某些药品的疗效，会以身试毒，这一做法常人似乎很难理解。在寻求适合自己的交易策略道路上，每位交易者都会想方设法做各种尝试，其中不乏"以身试毒"者。

锁仓交易，2011年度我所犯的最大错误，竟然显得如此低级。

为了寻找并完善符合自己风格的交易策略，我曾做过各种各样的尝试，总体上短线搏击曾演变出无数种方法，但无一能长久奏效，短线交易上出现过一连串的自毁性交易，无奈只得舍弃这一策略。

自调整交易策略以来，我一直想方设法完善自己的趋势交易策略，但有时候市场趋势并不理想，甚至在期货市场上有的品种多数交易时间都处于一种无序的整理期间，这种无趋势的时期想要从市场取利，对于趋势交易者来讲，简直是痴人说梦。

就在这段对此比较迷茫的阶段，我似乎找到了一种能破此解的技法。

第四部分
2011年，志在长远，策略大转型考验

人靠衣装马靠鞍，成熟的形象会给人留下良好的第一印象。

在一次钢材行业的研讨会上，我见到过一位身材瘦小，但颇具老板气质的钢材贸易商林总，从其言谈举止间，可见其生意做得不一般。林总瘦弱精悍，一缕山羊胡相伴，再加之岁月的磨炼，让人产生一种罗贯中在写《三国演义》时，笔下的凤雏庞统的感觉。

席间，林总谈古论今、旁征博引，学识之广，令人钦佩。当得知我从事期货之时，林总更是如遇知己，跟我大讲期货交易之道，显然，他对钢材行业里多家参与期货交易单位都了如指掌。具体的交易方法他倒没有过多地讲解，只是林总跟我讲了他近些年稳定获利的一种方法，恰好正中要害，解决了我对行市无趋势之时的困惑。

依据林总的思想：期货市场更多的时候处于一种无趋势的状态下，交易者想要捕捉趋势很难，但捕捉无趋势更加容易。因此，无趋势也是一种大趋势！

据此可以制订如下交易策略：交易者可以将仓位严格控制好，每日顺着行情波动，很零散地分五六步来建仓，对账面有赢利的仓位，交易者可以随时获利平仓，但对浮亏的仓位可以置之不理，等待行情的回调或者等到后市相距更远的位置累加一部分仓位，将持仓成本拉低，最终等待获利平仓。严格地预算好仓位，日内可以随行情波动不停地进出交易。

据林总讲，这个方法他已经应用多年，获利十分稳定，而且交易很轻松，基本不会失手。

有如此妙招，又有谁能不为之心动？

我对其中拉低持仓成本的做法，不是很赞同，感觉有点像之前提过的反向累加仓位，与趋势背道而行，万一遇到趋势的强劲推动，将很难控制。但林总零散分布下单的策略，似乎可以借鉴，至少这个策略的风险积聚度不高，可控性较强。这种锁仓交易，之前曾听说有人用过，但版本显然跟林总的大相径庭。

锁仓这一策略，有些资金比较重的机构户，在行情不理想的时候，或者难以分辨行情走势时，会陆续考虑将仓位对锁，以防行情突然反转想要平仓时，巨额的资金带来行情巨大的点差。等待行情明朗之际，再将错误一方清仓。

林总的策略并不是因方向错误而平仓，而是因为获利而平仓，但错误一方将会被留下。

对于期货操作上一些新鲜的做法，很多交易者都会想办法去做一些尝试，但前提是仓位可控，只能拿一小部分资金去尝试。即便出现错误，也不至于影响到整体资金的安全性。

自从与林总见面之后，我始终盘算着他的交易策略的正确面，对错误面几乎已经忽略不计。

由于林总重点交易的品种是橡胶，因此我将这一策略的试验田也圈定于橡胶领域。

五六月份的橡胶行情，显然没有太过明显的方向性，时常是跌几天涨几天的行情来回翻腾，想要取利于趋势走向，难度很大。

我开始按照林总的锁仓策略，在橡胶上试验着。同时也盘算着每天能有所收获，无论多少都可以，又能有日复利的出现了。

由于下单手法很分散，而且日内实现利润的仓位随时可以考虑平仓了结，起初的一波下行行情中，我在空头一边的仓位全都陆续滚动获利了结，再继续做空获利，而几手多头持仓被这波小型下跌所套，但没造成多大亏损，在行情下行大致2000多点时，我又再次增加一些多头持仓来拉低持仓成本，行情的轻微反弹之后，我的多头也获利了结。

数个来回之后，尽管有些持仓需要一段时间的耐心等待，但我的所有仓位都最终获利而出，似乎这一策略的正确性已经得到了验证。我逐步增

第四部分
2011年，志在长远，策略大转型考验

加了仓位预算，以期照此获得更多的收益。

这样的交易策略如果能长期执行获利，那将带给交易者无尽的收益，而且根本不用关心行情趋势，完全可以随波逐流地跟着行情来回摆动，我需要做好的就是资金管理，控制好仓位。

几个月的交易下来，我整日有如墙头芦苇，完全随风而倒，风吹向哪边，我就跟着倒向那边，而且每天都能多少有点收获，因为亏损的仓位不必着急平仓。

行情进入八月之后，橡胶的行情波动不再像以往那么剧烈，逐步收窄的行情，带来的日内收益也较少。橡胶行情推高之后，我的持仓留下几手多头没有平出，接下来稍有回落的行情，让空头资金全部获利而出。

这本是一个大的风险窗口——美债上限问题，但我对此已经完全忽略，因为即便如此，可能对我的持仓也不会有大的影响。

忽一日，橡胶行情大幅低开跌落，直奔跌停板而去，此时我的橡胶空头已经全都获利了结，只留下几手多头仓位还在等待着行情的回升。

大幅的低开再次滑落已经让我不再敢去追加空头，而是等待着行情的回升。后来得知，这一下跌源于美国债务上限在风险窗口的最后时刻得以通过，但评级机构标准普尔公司鉴于美国两党之间的权力角逐，不顾民众的利益，有悖于道德，并对美国债务上限风险做出不利评估，直接宣布调降美国债务评级。这是有史以来美国债务评级等级首次调降，因此直接点燃全球投资者的恐慌情绪，全球金融市场资产价值均大幅缩水。

我在36000多买进的多头头寸，短短几天之后被打落得所剩无几，当行情跌破32000之后，我再度大胆增加多头持仓。这种受突发事件影响的行情总是来去匆匆，回升的速度根本不亚于下跌速度，几天之后，我的橡胶多头头寸再度获利全身而退。至此，我的交易事实再度证明林总的策略正确无比，能够经得住美债危机的考验，抗震能力相当强。

如此循环往复，时间很快进入九月下旬，这一次有如八月的翻版，几乎一模一样的情形再度出现。我的多头持仓大致于34000附近买进被套，空头完全获利清空。橡胶行情有如水柱一般直线而下，我在32000左右再度买进部分多头，以期摊平之前的多头成本。

后市的走势证明这一回跟八月的走势确实不再雷同，橡胶行情继续直线下滑，暴跌已经很深，我自然不再敢追空卖出，而是等待继续买进加多的机会，行情再度滑落2000点之后，我在三万下方继续了自己的错误持仓累加。

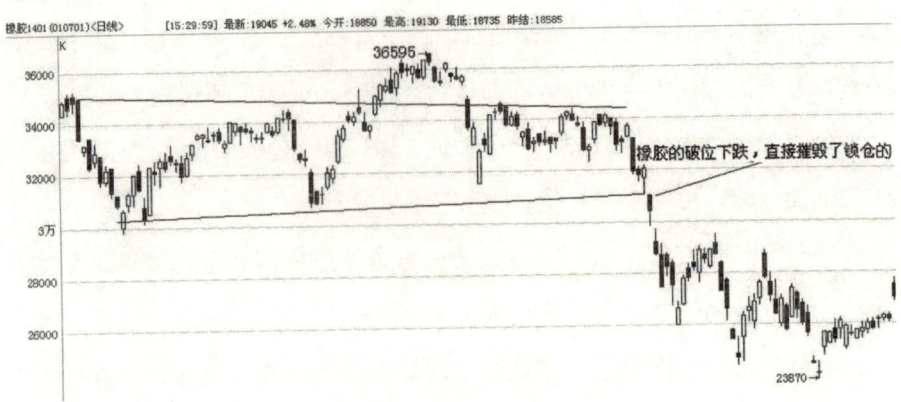

图20：橡胶2011年走势图

由图20可见，橡胶行情于2011年长期宽幅振荡，八九月分别出现两次快速下行过程，完全打乱了橡胶既往走势，行情之极端非一般人能承受，持仓错误的交易者很难全身而退。

金融圈里最缺乏理性之人！橡胶行情没再顾及我的累加持仓，一路下行直奔23000。行情的快速下行让我不再敢追空卖出，多头持仓已经较重，更不敢累加买进。我买进的所有橡胶仓位已经全军覆没，林总的锁仓策略似乎经不住这样的严峻考验，我用真金白银支持了林总的策略，但我的真金白银因为行情的忽然一击而消失殆尽。

第四部分
2011年，志在长远，策略大转型考验

不顾实际情况，只忙于不停地买卖，是导致无数交易者快速亏损的罪魁祸首，甚至职业交易者也难逃此劫。

美国债务上限的问题远远没有八月风波那么简单，就在标准普尔下调美国债务评级等级之后，让美国这个生存于债务堆里的国家举债成本大举上升。当金融火灾爆发于自家后院之际，聪明而又极度自私的美国资本家绞尽脑汁想出了完全利己的对策——将火势导向其他国家。只有将全球金融的风险聚焦于欧洲，美国债务的举债成本问题才会被世人所忽视。纵观多年来美国爆发的历次风险事件，似乎这已经成为一个通用的定式：只要美国内部受到经济的巨大冲击，美国人必将风险引爆于他国，以转移全球视线。这是美元在全球占有主导地位下的一个最快速便捷的转移风险方式，很值得投机者仔细思量。

数不清的俊杰志士功败垂成的先例，均可以直接归因于骄傲自负。我的橡胶持仓全军覆没，所吞没的财富远大于我自五月份锁仓交易以来所带来的微薄收益，这也制造了我2011年度最大的一笔亏损交易。究竟是评级机构在玩我，还是自己在玩自己？此后，锁仓交易退出了我的交易视线。

金融市场有很多不同寻常的事会悄然来袭，既调动了无数投资者松懈的心，也增加了无尽乐趣，制造了无数的惨剧。这真是一个"杀人不眨眼"的舞台。

昨日的美债危机，今日转为欧债危机，任何经济形式的发展必有其内在规律。连续飞来的黑天鹅，充分地调动了市场情绪，金融交易就是这种恐慌与兴奋之间的情绪转换，你的恐慌将带给他人兴奋，你的兴奋却少之又少。

参与金融交易需要交易者仔细斟酌，有些市场缺乏监管，缺乏市场流动性，将给参与者带来不可估量的损失。期货市场尽管受中国证监会严格监管，但也免不了会出现一些风险事件。

就在这波欧债危机发酵之际，国内某家期货公司，由于客户的集中平仓而导致交易系统过度负荷，出现一上午的交易堵塞，所有客户根本无法进行交易。面对如此极端的行情，持相反仓位的客户有如热锅上的蚂蚁，想平仓都没法执行。之后出现了一轮挤兑现象，多数客户一哄而散，让这家公司的权益一夜之间仅剩个零头。

挤兑期货公司就像挤兑银行一样，火星一点就着。银行在满足顾客方面的信任危机，从而导致危机不断升级，并将使得银行最终破产，而期货公司在满足客户需求方面的任何信任危机都将带来惨重的损失。期货投机交易本身就是一个风险性极高的行业，一旦交易者得不到任何消息或无法进行处理持仓，马上会变得满腹牢骚，如果发现是期货公司的问题所致，交易者极易毫不顾虑地撤离。

交易成功的关键因素在交易者头脑里，而不在电脑里！行情日内短线波动有如施展障眼术，将影响到交易者的趋势波段操作。

锁仓交易无疑也是在追逐一种短期的收益，只是相对急功近利的重仓交易更显理性。就我从这段时间的交易情况来看，锁仓交易并非一无是处，只是需要交易者更加细致地分析，更加有效地结合个人的交易策略来完善执行，趋利避害或许会有另一番景象。

我对这一交易策略的放弃根源，并不在于造成了一笔亏损，而是这个策略似乎与我期望的交易策略相去甚远。这种事前含糊、事后聪明的交易策略意欲应用还需改进很多。

时隔很久之后，有一次我路过林总的公司顺路去拜会林总，这次的突然来访让我们见到了更多的新鲜事，林总显然是个很好面子的人。

不知是近来交易不利所致，还是其他原因，卸了装的林总精神不振，但依旧侃侃而谈。林总的交易策略似乎也变化巨大，现在的他已经不再锁仓交易，原因在于除了橡胶上造成的损失外，林总因期货交易时间太短，

第四部分
2011年，志在长远，策略大转型考验

转战于天津贵金属白银市场，这样可以满足他接近全天候的交易计划，更多的资金全因白银市场锁仓交易而消失。

林总的交易方式已经转向了另外一个特殊的方式——易经。

他每天都会对明天的行情走势来一卦，据说近来预测结果相对精准，而且有其他投机者每每急切地等待着他的卦象。林总的办公室内藏书甚多，堪比一个微型图书馆，股市期货外汇类书籍占据了半壁江山，易经风水类书籍占据了半壁江山。书柜边放着的吃剩下的馒头加咸鸭蛋应该属于林总的早餐，不出意外的话，他在省吃俭用炒期货。

每个人都会对大师有一种崇拜现象，可大师是否真大师，很值得思量。我遇到的这位应属占卜大师。

墙上四处挂满对市场的卦象，记录着行情的走势和预测情况，以及黏贴着大大小小的便签贴，这些卦象，我实在看不懂，但一张便签贴的内容一目了然能够理解，上面记录着上个月的交易汇总情况，各个市场和品种的统计都有，累计有六万多元的亏损入账。

期货市场之魅力无穷无尽，有人试图用基本面来解决这个问题，有人试图用技术面来处理交易事宜，有人拿科学来解释很多行情走势，有人借哲学来理解期货交易玄机，有人归因于心理学，林林总总的方式似乎总是对错掺杂，但林总试图用易经来揭秘期货交易的玄机，似乎显得更加玄机重重。

林总的交易理论似乎建立于随机漫步理论基础之上，期望借助分步执行来应对行情的无序变化。当行情快速爆发之际，这一策略最大弱势立即显示无疑，正确的持仓会很快撤离，但错误的持仓将被留下等待行情的回转，一波极端的单边走势即可摧毁长期累积的微薄盈余。

人的某种行为会形成习惯性动作，而要改变习惯需要非凡的定力。不善于改变自身的人，不适合投资期货。只有时刻保持谨慎和警醒，才能与

财富为伴。

当年杰西·利弗莫尔最惨重的一次暴亏正源于他违背了自己的交易策略：1908 年，30 岁出头，他违背了自己的交易规则，听信商品专家帕西·托马斯的建议，结果棉花交易变得不可收拾，最终使得自己再度陷入困境，此役让他负债累累。

锁仓交易策略很难纳入我的交易体系，每个人的精力有限、分身无术，交易者没有必要十八般兵器样样精通，若能精通掌握某一种交易策略，并不断细化完善即可于期货市场游刃有余。

那些曾经的市场大师们命运如何？

一些交易者有这样一个误区：即便我无法预测市场，总有其他人会，而我要做的就是找到这么一个人。

伴随着交易市场的形成，市场预测大师们就一直伴随我们左右。

总体上，国际金融市场上有三种类型的大师：市场循环大师、神奇方法大师与过世的大师。

第一，市场循环类大师

美国股市在每一个主要的循环中，几乎都会出现一位市场循环大师，大师的声誉可以维持 2～3 年的时间。每位大师主宰市场期间，基本上与主要的多头市场相互吻合。

一位市场循环大师乐此不疲地预测所有的重要涨势与跌势。每个成功的预测都会提高他的声誉：因此，当他下一次提出预测时，将有更多的信徒抢进或抢出。一位市场循环大师的成功，绝对不是仰赖短暂的运气。他对于市场有一套独特的理论。当市场出现数年之内的走势与该套理论环环相扣之时，这位大师的声誉逐渐攀越高点，君临整个市场。

市场大师多数来自于市场分析边缘地带的异类，他们并不是被公认的

第四部分
2011年，志在长远，策略大转型考验

分析师。多数的职业分析师，会采用类似的分析方法，很难出现奇迹般的分析结果。市场循环大师是拥有独特理论的异类。撰写分析报告、提供交易建议、开展讲座、座谈会等，是他们赖以生存的根本。

那些预测市场权威专家们的命运如何？昙花一现才是他们的最大共性。

1. 郭德（Edson Gould）：20世纪70年代初期，他是证实市场的大师。他的预测理论奠基于"联邦准备银行"的政策变动，即贴现率的变动。最著名的一条法则是"三步一大跌"：如果FED连续三次调升贴现率，这代表银根转紧，行情将步入空头市场。在另一方面，如果FED连续三次调降贴现率，这代表银根转松，行情将步入多头市场。

他特意发展了一套颇具创意的绘图技巧，称为"速度线"——淡色趋势线的角度是取决于趋势的速度与市场反应的深度。

1973—1974年的空头市场中，这位大师逐渐崭露头角。他对1974年十二月底部的正确预测，更使声誉如日中天，当时"道琼斯工业指数"几乎跌破500点。随后，价格强劲走高，郭德利用速度线预测重要的转折点，于是他的光环更加耀眼。遗憾的是，不久之后，美国通货膨胀恶化，出现了完全不同的金融环境。自此，他逐步失去大部分的信徒。

2. 乔·格兰维尔（Joe Granville）：曾任职于华尔街的某大型证券公司的格兰维尔，是一位极善于包装和宣传自己的大师。其最著名的观点就是"量是价的先行指标"。

1978年，他在美国各地大肆旅行演讲，乘着马车上舞台，散发预测报告，斥责那些不认同他理论的人。他弹奏钢琴、唱歌，甚至曾经脱掉裤子来说明他的观点。他的预测准确性更是令人叹为观止。声望曾一度足以撼动股市，当他宣称看空行情时，"道琼斯指数"在一天之内应声暴跌40点，创造当时市场最大的跌幅。

1982年，"道琼斯指数"达到800点左右，大胆建议投资者们抛掉手

中的一切并做空市场。然而，这次市场并不配合这位权威的指示，"道琼斯指数"一路强劲上升至1200点之上，直接摧垮了乔·格兰维尔的预测神话。

最后，格兰维尔被迫认输，开始建议买进。但当时"道琼斯指数"已经上涨一倍，他继续发行市场的分析报告，但叱咤风云的时代一去不复返了。

3. 罗伯特·普莱切特（Robert Prechter）：与格兰维尔恰恰相反，他因成功预测到了80年代到来的大牛市而一举成名。

普莱切特是以"艾略特波浪理论"专家著称，同其他的市场循环大师一样，普莱切特多年来一直撰写行情分析报告，成就平平。可是，当"道琼斯指数"向上突破1000点大关时，人们开始注意这位年轻的分析师，因为他很早就认为这波段行情将可以到达3000点。随后他也一举成为美国家喻户晓的知名人物。

当时市场大多头行情刺激下，他的声誉不再局限于投资的领域。全国性的电视频道、著名杂志、访谈会、讲座，这些成了他频繁出现的战场。

1987年10月，他明显对行情犹豫不决，先是发出卖出讯号，然后又告诉他的信徒买进，当"道琼斯指数"暴跌500点之后，大众的赞美转变为骂与憎恨，这么一个来回让他的业务巨幅萎缩，几乎处于半退休状态。

4. 伊莱恩·葛莎莉（Elaine Garzarelli）：曾是一名默默无闻的美国数字分析家。1987年10月12日，她大胆预测："股市崩盘就在眼前"。时隔仅仅一周，"黑色星期一"的降临，使她迅速成为媒体宠儿。

几年之内，她的名声转化为一笔更大的财富。

资金如潮水般涌入她管理的互助基金，不到一年时间，其规模扩张到7亿美元。每年收取2%的资金管理费，她一年就不费吹灰之力到账1400万美元，收益不菲，此外她还发表投资业务通讯，订阅者很快膨胀到10多万人，又一笔丰厚收益。

这一大胆的预测正中时点，也让伊莱恩·葛莎莉大发横财——但她的

第四部分
2011年，志在长远，策略大转型考验

追随者们却没这么幸运了。

平庸的投资表现，资产基数的不断萎缩，该基金的投资者们最终于1994年不声不响地决定终止其运营。最终该基金的年平均回报率不足4.7%，去除管理费更加少得可怜，而同期标普指数年平均涨幅为5.8%。她的业务通讯也由于订阅者的快速缩减，最终停发，她的预测记录更是糟糕至极。

1996年7月21日，"道琼斯指数"涨至5452点之际，她大胆预测这波行情会冲到6400点，但仅仅两天之后，她便宣布"股市可能下跌15%-25%"。这种摇摆不定的做法更让其失去了媒体和投资者的支持。

（根据《华尔街日报》、《商业周刊》、《纽约时报》的纪录）这是她在1987—1996年所做的14次预测中的两次。在这14次预测中，只有5次是正确的，合计预测成功率36%，如此效果甚至不如投硬币来决策，又有哪位投资者敢长期跟踪其预测来操作？

预测大师们总是乐此不疲地行此善道，目的不言而喻。预测大师们需要靠谈论投资、出售建议或收取资金管理费来赢利！

投资界的不老之星巴菲特一贯坚持着最基本的原则：永不评论自己的投资。

第二，神奇方法的大师

"方法大师"大多出自衍生品市场，尤其是期货市场。

在成功发现一种全新的分析或交易方法之后，他将迅速脱颖而出。交易者永远在寻求胜算，一种胜过其他交易者的优势，就如同武士们搜寻宝剑一样，交易者愿意付出高价换取犀利的交易工具，只要能够接过财富的秘径，任何的价钱都好谈。

芝加哥的行情分析家伯恩斯坦(Jake Berstein)采用循环的方法预测市场

的高点与低点。他的方法相当有效,声名也随之远播。因此他的行情分析报告收费很高,经常举办各种讲习会,操作基金,出版一系列的书籍。可是,当市场发生变化时,他的循环模式已经显著落伍。

史代梅尔(Peter Steidlmayer),另一位芝加哥的明星。他鼓吹信徒们完全放弃传统的交易方法,采用他的"市场轮廓"(Market Profile)。这种方法据说可以透露市场供需的天机,让信徒们在低点买进,在高点卖出。史代梅尔与柯伊(Kevin Koy)配合开办讲习会,他们经常可以吸引50位以上的学员,收费是4天$1600。结果,"市场轮廓"似乎没有什么特别成功的案例,这颗巨星也很快陨落。

第三,过世的市场大师

那些业已过世的大师,他们的作品被重新发行,新一代的交易者研读他们的经典,这些大师都是在过世之后才赢得声誉,而且被赐予无数的交易财富。这些过世的大师已经不在我们的左右,但他们的声誉与过期的版权却可以让一些有心人士充分运用。

艾略特无疑就是一个例子,但最典型的传奇人物则非甘氏(W.D.Gann)莫属。

许多投机客靠着"甘氏课程"与"甘氏软体"大发利市。他们宣称,甘氏是有史以来最伟大的交易者。他的遗产高达$5000万美金。但据甘氏的儿子透露,他那位著名的父亲根本没有能力靠交易为生,仅能够编写一些教材来养家糊口,至于巨额的遗产更是无稽之谈。

看来,大师徒有空名者比比皆是,真正的操盘手却没有任何借口,唯有操作获利才是立命之本。

第五部分

2012年，聚焦核心，深挖安全机会价值

第五部分
2012年，聚焦核心，深挖安全机会价值

对战胜错，即有机会赢得交易的胜利。2011年一整年的交易成功，依赖的不再是侥幸，主要归功于螺纹上的巨大贡献，两波稍具规模的行情，均被我有条不紊地捕获。这加深了我对期货市场上高概率事件的重视程度。

期货市场上经常存在着基本面与技术面非常吻合，供需结构完全失衡，技术形态异常规范的参与机会，这无疑是我们值得适度加强参与力度的最好机会。

所有交易者都期望取利于期货市场，但真正能够成功的寥寥无几。

期货市场的无序波动，会让很多人付出昂贵的学费，甚至是惨重的代价。交易的成功，需要从错误中不断学习，"犯错—认识错误—改正错误"是一个循序渐进的过程，人类的认知能力局限性，会限制我们的快速发展。

为了尽可能地提高收益率，我们需要改进很多的交易细节。2012年，在努力把握安全机会的同时，致力于细化操作策略，尽可能减少市场无序波动带来资金游离现象。

第十八章 疫灾天降、胜负人决

> "重要的不是你对市场的判断是否正确,而是你在判断正确的时候赚了多少钱,在判断错误的时候又赔了多少钱。"
>
> ——乔治·索罗斯

2011年11月中下旬,全球第二大大豆主产区——南美地区发生严重干旱天气,巴西、阿根廷的大豆生长状况直接受到影响。当时的豆粕主力合约逐渐呈现出典型的底部特征,一个逐级抬升的小双底形态,更是让人不得不为之心动。

大致在2700~2800左右,我及时地考虑布局买进,并建议很多客户一并买进。农产品的周期性很强,天公作美无疑是农产品行情爆发的一大关键因素。由于行情走势发展得很健康,直到2012年春节前后,大致在豆粕主力和远月次主力合约上已经布局有40%左右的多头持仓。这个仓位对于单一的豆粕来讲,已经略微大于我的初始预算,但行情的发展如此顺利,适度偏重于豆粕并不会带来多大风险。本是豆粕需求的淡季,但受产区天气影响,行情走出了明显的反周期现象。

豆粕的建仓,完全符合我一贯的下单原则:一切以技术指标为买卖核心出发点,再适度结合基本面的供求状况。若基本面与技术面完全配合,可以考虑适度加重持仓,作为重点关注对象,若基本面与技术面相悖,则尽快减少相关品种的仓位预算。

赚大钱的方法，就是精准地在正确的时机选择对方向！

有一位客户听从我的建议，在2700多的位置买入豆粕，近乎整个豆粕行情的绝对底部。但他之前从未做过趋势交易，豆粕一路缓慢攀升的过程中，他总担心会突然跌下去，几乎每天都问我要不要平仓。当豆粕涨到3000整数位附近时，他已经感觉赢利很高了，匆忙平仓了结。殊不知，更大的行情还在后面等着我们。关键是很多交易者在获利平仓后，面对行情的继续发酵，很难再有魄力继续追涨。

只要趋势存在，聪明的交易者从不会因太高而不能买进，或太低而不能卖出。

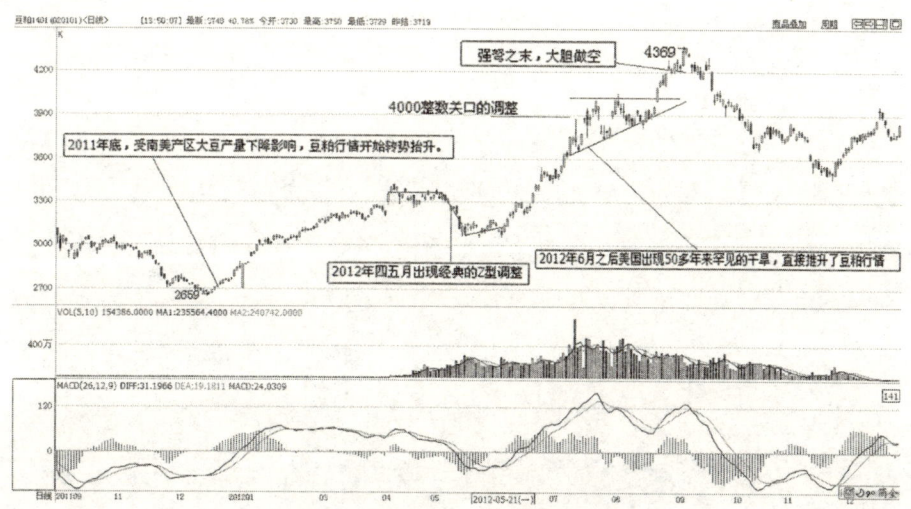

图21. 豆粕2012年整体走势图

由图21可见，年初的豆粕完全由南美产区的天气因素来决定，随着天气的影响，行情触底反弹，逐步上扬；进入夏季豆粕略有调整，走出一个经典的Z字形调整走势，随之而来的是美国主产区罕见的干旱天气影响，直接推升一波历史性的行情机会。

行情发展到5月份，由于大盘整体下行压力巨大，其他多数品种都处在下跌过程中，正所谓"覆巢之下无完卵"，豆粕行情也被带动向下调整，但在这次调整的过程中，豆粕的走势明显没有像其他工业品那样，稍作回调便形成一个小型的平台调整，多头主力一直在蓄势之中，形态上更是走出一个Z型调整走势，后续继续上扬概率更大。

大利润永远都出自于大行情。趋势永远是我们最好的朋友，交易者最强大的同盟军是市场大势。行情等到六月初终于再度爆发，厄尔尼诺、拉尼娜现象，是这个时期最容易爆发的异常天气。受美国50多年罕见的干旱天气不断发酵影响，大豆生长率被市场分析师不断地调低，随着炎热的夏季创造出了美国半个多世纪以来的历史性干旱纪录，美国大豆生长的结荚、灌浆期惨遭恶劣天气影响，豆粕行情也随着干旱发酵不断地向上飞扬。

好风借好力，送我上青云。短短两个多月，豆粕竟上涨了1000多点。我的豆粕多头仓位也随着行情的上涨陆续累加跟进，直到行情稳稳地站上4000整数大关，给我留出了足够的时间去慢慢处理这些仓位。

这期间有个小插曲，在行情上摸4000整数大关的时候，这一整数位明显形成了较大的压力，也是一个宽幅调整的压力位置。有一天豆粕行情上午开盘之后急速上攻，直逼4000整数关口而去，然而行情并未能够着涨停板，大致差5个点涨停时，又急转直下，半个小时内竟然跌下去6%多。我一个朋友正盯着盘看，他知道我手里拿的不少豆粕仓位，急匆匆给我打电话告知豆粕行情走势。

如果从行情大级别的运动角度看，这种调整完全属于正常现象，这么大级别的上涨行情，遇到宽幅调整是再正常不过的事了。我的头寸一直拿着没动，主要因为持仓位置离振荡区间相去甚远，即便行情跌停也不会将我的账面利润吞掉。

交易者想要获得大级别的行情带来的丰硕业绩，有时候有必要将一些大级别的噪音过滤掉，否则，行情的稍微振荡即将仓位振出，更大的利润

第五部分
2012年，聚焦核心，深挖安全机会价值

总是与你擦肩而过。

豆粕于这一整数关口来回宽幅洗荡多次之后，终于成功突破4000的整数压力，再次发动了一波上扬行情。此时的主题依旧是美国的干旱天气在作怪，更大的根源在于这是国际投机家充分发挥的一个机会，巨额的资金不断推动着行情走势。

顺天者昌，逆天者亡。

尽管现代科技突飞猛进，但农业的整体格局短期内依旧很难摆脱天气的影响，广大农民或农业关联产业，依旧处于靠天吃饭的状态。

农产品爆发大行情，离不开天照顾。俗话说："天旱旱一片，天涝涝一条。"可见旱情在影响农作物的生长发育过程中作用之大。旱情也因此成为国际游资炒作农产品的关键话柄。在多方面因素的推动下，市场保持非理性的时间，远比你所预期的要久远！

没有棋局的成功，就没有棋子的成功。几乎所有大的牛市、熊市都是由供求关系的基本面变化而引起，没有现货供求关系的鼎力支持，即便你拥有再多的资金，也无能力主导一波可观的行情。

财富变化在期货市场是一件很奇妙的事，有时候行情来了，你挡都挡不住，短时间内能造就财富的巨额增值；有时候无论你使尽千方百计，行情就是不给你机会。

真正的赢家，都懂得松弛有度，没有行情的时候，你要懂得去给自己更多时间享受生活，出现行情之时，你要懂得全力以赴地去捕捉。

豆粕这波旱情带来的机会，让我充分意识到：期货交易需要做到重点关注、适度分散。只有适度集中优势兵力，全力出击安全性高和方向性明确的品种，才能在保证资金安全的基础上，有效捕捉到更大的行情机会。只有做到适度分散，才能不让自己赌博式地参与个别品种，毕其功于一役，必将遭受期市滑铁卢之战。

强弩之末,有多大胆量去做空豆粕?

旱情的持续发酵,引发了豆粕的上涨,资金的持续推动,增强了上涨的动力,创造历史新高的豆粕,借此也拓展了自身的发展空间,但真正进入收获期,很多交易者才发现,大豆产出量远没有预期的那么悲观,此时的豆粕已成强弩之末,滞涨之后,必将带来一波回落机会。

利弗莫尔曾讲过:"交易者既没有宣布与多头结盟,也没有订约与空头联姻,我们只关心始终站在正确的一边。"

豆粕主力合约于4000上方上扬的过程中,我陆续出清自己的多头持仓,并大胆地逐步反手卖出,以期捕捉豆粕随后出现的回落机会。

伴随着豆粕的逐步上涨,我的豆粕空头头寸曾出现过较大的账面亏损,只是由于账户上有更大的多头一直在抵消着空头带来的亏损,并未让总资金显得有多大滑落。

在豆粕下跌确认之后,我又大胆地将所有多头转为空头头寸,这一转变很快为我账户上又增加了一笔不菲的收入。

也正是这样的一种建仓方式,为我之后的交易埋下了一点隐患,我发现了自认为的底部或者顶部,我会尝试去抄底或者盖帽式地反向建仓。

强劲大幅上涨之后的豆粕,初次回落,必将重塑价格空间,我们无从预期到它的下跌幅度。但依据经验来处理,我认为豆粕将会走出一个更漂亮的头肩顶形态,以便与左侧形成的行情形态相对应。

如果按照头肩顶形态来判断,那么豆粕的下跌应该到3900左右形成较大支撑。因此,我在行情跌破3900之后迅速地了结了所有的空头持仓,但行情并未在此戛然而止,而是继续向下拓展着空间。

由此,我承受了巨大的压力而陆续做空的持仓,却又因自己的草率预测而草草收场。后来,我逐渐发现,多数情况下,熊市中的第一个恐慌下跌,并不屈服于支撑面。

第五部分
2012年，聚焦核心，深挖安全机会价值

借此告诫交易者，实盘操作需要提升执行力、处理能力，尽可能地削弱预测成分。

我承受着一定的压力，逐步在高位做空豆粕，但当豆粕行情真正转过头来配合我的时候，我却草草收场，并未真正获得理想的收益。

或许，这种做法也是一部分交易者习以为常的习惯。

后来，我曾碰到过一位企业老板，他早在豆粕3700多就已经在陆续卖出，豆粕的一路上涨，他又陆续增加了不少空头仓位，据说账面最大的浮亏曾一度达到五百多万，而且他是毫无节制地重仓做空，出现浮亏之时，死不认输，不停地追加资金继续补仓加空。

这样的做法，通常发生于一些自恃资金实力雄厚的企业老板身上，无节制的豪赌行情，堪比当年诸葛亮上演的空城计，一旦行情过于极端，弹尽粮绝，一波行情即可制造一个惨剧出来。

这场游戏他的谢幕竟然是不亏钱即可，当行情回落到他的持仓均价附近时，他迅速平仓了结，同样是承受着巨大的压力来对抗行情，保护着自己那已经错得离谱的持仓，等到终于熬过来后，稍有盈余马上平仓了结。

壮士断腕何其难？止损是交易者的一道坎，迈不过这道坎的交易者，就没有机会常胜久赢。小的毛病不治愈，终将扩散成无可救药的大病。

这样的参与者，绝非少数群体。

面对错误，死缠烂打，决不认输；面对正确，匆匆忙忙，见利就跑。

很典型的"赚小钱、赔大钱"的做法，一招不慎，满盘皆输。

组装的交易竞赛只为造星

交易竞赛多数由一些稍有影响力的媒体或者第三方机构来组织，交易结果需要受到监控，获胜者将被公之于众。

但目前有些组织打着交易竞赛的名义，绞尽脑汁敛财，甚至会制造一些明目张胆的骗局。

或许是我这波豆粕行情带来的巨大账面利润被期货公司某些知情者给透露出去的缘故，就在豆粕行情的不断发酵为我不停地膨胀账户之际，有一次我接到一位陌生人的电话，他那边直截了当地向我推荐参与某项实盘交易竞赛。据说是国内某家知名媒体和网络与期货公司组织的，而且对方向我承诺，只要我想获得好的名次，他们完全可以帮我做到，前提就是需要我多出一点成本。

以往我也见过一些行业媒体公布某次交易竞赛的排名情况，在我的印象中，那应该是交易者中的佼佼者方可出现的地方。

这位推销员给我的承诺让我迷惑不解。出于好奇，我跟他多聊了一会，并不想参加什么交易大赛，只是好奇他会有什么手段让随便一个交易者名列前茅。

他显然有一套熟练的推销技巧，也不想在电话里直接给我讲解太多，然后答应给我发一份文件，里面内容一看就能明白。

原来，他们根据客户资金的大小，将客户分为轻量级与重量级交易者。

客户需要参加比赛，必须在他们指定的公司开立交易账户，这个账户里面就蕴藏着玄机。

这将是一个主账户和N个子账户在一起的多级账户，你的资金放进主账户之后，他们可以随意对这些资金进行划分，而且所有交易记录，他们可以为你重新分配组装。如果你想参加比赛获得好的名次，你需要缴纳一笔不菲的费用，他们会将你每天的交易记录重新组装，将赢利高的记录重组于一个账户，其他一般的交易记录配置于另外的账户，这样的话，在整个比赛过程中，他们将每天为你不断地这样重新配置交易账户，将所有高盈利的记录重新配置于一个账户，所有的交易不理想记录，将被剥离出去，以此来提高你的收益率。

第五部分
2012年，聚焦核心，深挖安全机会价值

有办法能让你只有正确没有错误的交易记录，获奖岂不易如反掌？但组织者还有一个前提条件，那就是你获得的是名誉性的奖励，这些都得你来配合他们走完整个过程。你也将获得"实实在在"的排名。

失败的信息全都被隐瞒，获胜的记录被大肆吹捧。

这种竞赛完全是组织者与交易者之间的一种合谋，组织者与交易者之间，存在着巨大的经济利益关系，通过随意篡改交易结果，以便重组出一个异常优秀的交易收益率，来吸引公众资金。

此事若能成，实为双赢之策，只是欺瞒了大众。这样的竞赛，缺失了基本的公正性，监督程序着实让人担忧。

第十九章 否极泰来，"看对了，没吃尽"的机会

投机者的主要敌人，永远是来自自身的困扰。这与人类具有希望和畏惧的天性有关。在投机生意中，当市场与你作对时，你希望每一天都是出现这种情况的最后一天——如果你不放弃希望，你会比应该损失的还要多——虽然希望曾有效地将成功带给大小帝国的建造者和先锋们。当市场顺从你时，你又开始害怕明天会失去你挣到的钱，于是过早地抽身而去。畏惧使你没有挣到你本应该挣到的那么多钱。成功的交易者不得不与这两种深植体内的本能斗争，扭转内心的冲动。在原先充满希望时他必须畏惧，在原先畏惧时他必须充满希望。他必

须担心损失会变得越来越大,而希望利润会越来越多。

——埃德温·洛弗热

期货交易对产业客户来讲,远不止于简单的买进卖出地搏击价差,更多的功能可以帮助企业实现经营上的平稳增值,例如套期保值可以规避企业风险;仓单质押可以为企业融通资金;到期交割可以为企业实现购销功能;期转现可以帮企业实现厂库直接交割购销;发现显著价差还将获得无风险的套利机会……

但很多企业领导往往闻期货而色变,只知其风险性,一知半解地对期货一口回绝。有的企业曾适当试水过,但还没有摸着门道,就已经草率退出。期货交易具有毋庸置疑的风险性,但相比企业裸奔于市场,期货带来的恐怕并非仅仅是风险。合理有效地参与期货市场,需要企业做出合适的资源配置,需要配置专业的人员做专业的事。

这些都是太过专业的内容,就不再详细讲解。只是在 2012 年这波螺纹下跌过程中,我们确实遇到了跟产业企业相关的一些问题。

如果你打算在期货交易这一行谋生的话,你必须相信自己,完全自主地去交易。听从于他人的观点,毫无主张地进行交易,是更多的交易者不断亏损一大根源。

经朋友介绍,认识山西一家钢厂领导之后,他们领导对套期保值始终不是很关注,总认为套期保值根本不靠谱,执行起来难度太大。但他们对交割比较感兴趣,遗憾螺纹钢的交割成本较高,地处北方的钢厂交割也不便于执行。

此事一直困扰着我,也曾经考虑过帮助执行期转现业务,无奈这一业务我只是了解点理论的内容,单位领导也不愿意折腾这些复杂无比的方式。2012 年初,我换了一家单位之后,总部领导乐于派人配合执行此事,我自

第五部分
2012年，聚焦核心，深挖安全机会价值

然是想方设法尽快促成。

早在年初螺纹行情缓慢攀升之后，滞涨现象显著，多项指标均显示螺纹行情已经很难再有大的上扬，我在主力合约升至4350附近，自己陆续做空螺纹钢的同时，建议该钢厂领导考虑做一个套保规划，尽量能规避半年左右的产能预算。

钢厂领导的犹豫不决与螺纹行情的一波近400点的下跌行情相伴而生，此时，公司总部安排了一位专门负责钢材行情的分析师，来配合我做期转现的服务工作。

鉴于之前没有过任何的配合，我们提前做了分工，让她充分地准备好各种期转现可能涉及的问题。

期转现本是产业客户参与期货市场的一个核心途径，国际上很多产业上下游资源都汇聚于这一领域，充分发挥着期货的作用。国内企业在期转现方面参与较少，再加上需要产业资源上下游的充分配合才能做出规模，造成很多企业对此毫不重视。但期转现直接避开交割库交割的繁琐手续问题，对重工业品更是优势尽显，可以直接进行厂库交割，也不要求必须是注册的交割品牌，只要供需双方申请，交易所将作为第三方确保交割的促成。

显然，钢厂领导对犹豫不决导致的行情错失早已后悔不已。我们得以顺利约见了这位钢厂领导，凑巧他们的几位经销商正在厂里办事，当我建议借助期转现来共同参与期货市场交割买卖时，双方当时即约定尽快尝试这一新鲜的做法。

但具体怎么操作，怎么参与，需要什么手续，他们一窍不通。此时，总部派来的分析师该到发挥作用的时候了。

"期转现就是套期保值，首先你们需要弄明白套期保值是怎么回事，才能做期转现……"

这位分析师上来一席话就将所有在场的人闷晕。期转现与套期保值，在她的词典里面完全是一个意思，无须辨别，好像交易所制定这两个项目就是玩了文字游戏。但具体的期转现该怎么操作，她也一窍不通，只是拿着一份打印好的办理流程在手。

我见话题有变，急忙接话："期转现这个问题没那么复杂，我们先把前期的开户手续办理完，具体的操作方案需要如何执行，后续总部会根据行情派专业的分析师和交割人员配合我们单位来具体执行。"

但其中一位经销商显然对期转现的做法兴趣过浓，一连串的问题跟连珠炮似的提出，我们的分析师也对客户的提问逐一回答着，但只要涉及具体操作环节和相关风险管理方面问题，总会漏洞百出。

精明的经销商对分析师的讲解显然十分不满意，反复嘀咕着，"这跟做投机交易没啥区别啊？"

最后，分析师对客户的问题束手无策了，只得一个劲儿地说："期转现就是套期保值，要参与必须先得弄明白套期保值。"

客户显得十分无奈，显然贸易商已经看出了这位分析师根本没有相关经验，转移话题也给她个台阶下，免得太过尴尬。

的确，总部派来的这位分析师，何止对期转现的业务不熟悉，她连钢厂都没接触过，交割环节的情况更是一窍不通，平日里剪刀加浆糊、抄抄写写、左拼右凑就是她的核心工作，专门研究钢材的分析师，根本就不会去深入了解钢材这个产业的实际情况。

客户的话锋一转，朝向了比较普通的问题，"对后市的钢材走势，你们怎么看？"

这下分析师又来劲了，但她的分析结果简直让人哭笑不得。

所有支持她观点的因素，都将朝向一个方面汇集，除去列出一大堆的房地产需求，原料成本，铁矿石、焦炭等成本变动之类的因素外，她更简

第五部分
2012年，聚焦核心，深挖安全机会价值

洁明了地讲："今年行情已经跌得很低了，能跌这么深也不容易，自钢材上市以来，从来没有跌破过3800这个价位，所以现在买进正是个好机会。"

当行情出现从未有过的高位，人们会觉得太高了；出现从未有过的低位，人们会觉得太低了。这不单单是普通交易者的通俗观点，就连专业的分析师也是这么分析的，难怪每次出现行情的市场拓展机会，都将带来多数客户资金的快速亏损。

可能会有一部分分析师都是这样的做法，平时宅在办公室里专事所谓的研究，也就是四处找些消息，拼凑出自己想要的材料来支持自己的观点，研究螺纹钢行情的分析师，甚至连螺纹钢与线材都分不清楚，至于几级钢就更不得知晓了，这样的分析质量实在差强人意。不过也难怪，有的期货公司为了给客户一份看着精美而又全面的研究报告，确实需要有人来帮着拼凑一些材料。

这位分析师列举大量的材料证明行情已经见底，后市没有下行空间，买进更加有利可图。可是我手里持有空头持仓，毕竟我不是从事专业研究的，凭自己对行情的走势看法，上涨的难度太大，至少不止于买进做多，但如此详尽地分析看多的原因，我也没必要再死扛着空头与分析师较劲。于是我抽空让朋友尽快帮我将自己的空头持仓全部出尽。

我的平仓价位大致在3800左右，自我平仓之后，螺纹行情很不给力，很长时间都没有再回到这个价位，而且之后出现了恐怖性的下滑，一路跌向终点站3206。这一次我看对了行情，但被分析师的一番全面细致的分析闪了一下，后市行情依旧很大，但再也与我没关系了。

我不知道钢厂领导和那几位经销商会如何看待这次的细致分析，但行情清楚地说明，我们的分析师观点跟实际行情之间的差距也太过悬殊了。

由图22可见，这一年螺纹走势可谓惊心动魄。年初的小幅攀升制造出了上涨的假象，随后螺纹破位下行，空头势力不断发酵，并成功击穿历

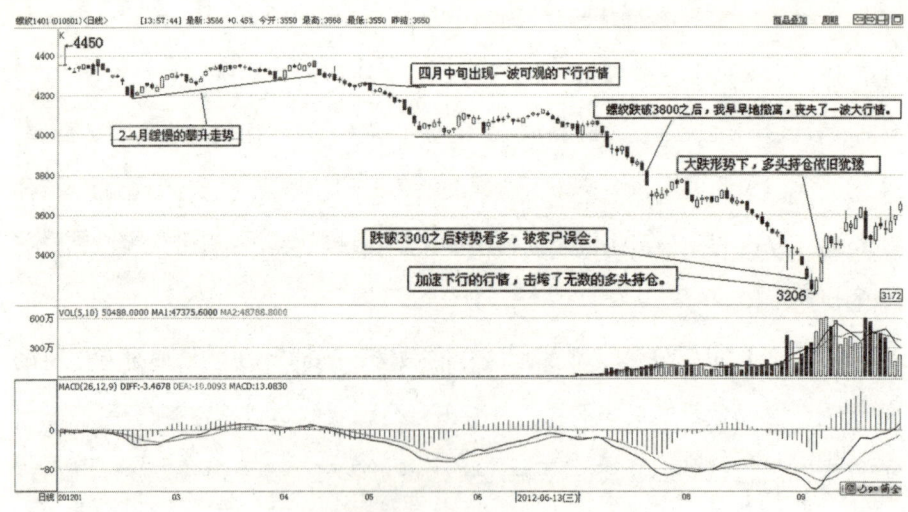

图 22 螺纹 2012 年整体走势图

史性的支撑位 3800，让很多只关注绝对价格高低的交易者吃尽苦头，其后螺纹加速下行并创造了历史性低位。就在螺纹行情下行正酣之际，发改委一记重拳完全扭转了成型的趋势，制造出一个漂亮的 V 型转势来。

期货交易真是让人无奈，这是一个经验主义要不得、没有经验玩不得的行当。

也难怪这位分析师在错误的时机，作出了不恰当的预测。预测市场确实非常人所能及。3800 这个位置自螺纹钢上市以来数年未曾被打破，已经形成一个显著的长期有力支撑位，可是这次跟以往太过悬殊了。

极端的行情伴随着极端的做法，无异于在创造极端的奇迹。太原一位颇具实力的钢材贸易商，早在 4350 附近就陆续买进做多，投入的 200 万资金近乎满仓持有。行情下跌并没有将他逼出，相反他不断累加买进，坚持自己的看多观点，面对即将到期出现的合约转换，他同时在两个合约上买进了螺纹钢，但行情的无情不断侵蚀着他的资金，连续追加数次资金后，他仍旧不死心，寄希望于行情回心转意。

当螺纹向下加速破位3400时,他终于意识到自己错了,此时他不再看多,也不愿再持有这些亏损的头寸,于是果断反手卖出,这时候他果断看空了,方向直接来个180度大转弯。

这个转弯来得太急了,也太晚了,大约一周之后,他的空头持仓又出现爆仓,期货公司再次通知他追加保证金。

一路的下跌过程中,他时刻重仓买多,跌到尽头,他又重仓反手卖出。为了那200万的初始投入不被市场吞没,他前后被市场吃掉600多万的资金,自此金盆洗手,再也不涉足期货交易。

交易不是缴点学费就一定能学成的,也不是比拼谁缴的学费多就会回报得更多。只缴学费而一无所获的交易者比比皆是。

面对极端诡异的行情变化,当他人贪婪的时候,你要学会胆怯,当他人胆怯的时候,你要学会贪婪。

加速下跌的螺纹迎面遇到了发改委的加快建设项目批复制度,瞬间将螺纹又推了上去,短短两天之后,螺纹已经被推升300多点,伴随着交易量的扩张,螺纹走出一个经典的V型反转。否极泰来,看多的交易者终于熬来了属于自己的机会,但早早买入的交易者临上战场发现自己的弹药已经耗光。

第二十章 假突破,无奈中必须平静以待

无论你何时遭受挫折,心中都会很难受,大部分交易员在遭受重大亏损时,总希望立即扳回来,因此越做越大,想一举挽回劣势,可是,一旦你这么做,就等于注定你要失败。在我遭受那次打击之后,我会

立即减量经营，我当时所做的事，并不是在于赚多少钱来弥补亏损，而是在于重拾自己对交易的信心。

——马蒂·舒华兹

行情的警告信号往往早于行情的反转而出现，据此我曾多次大胆尝试进行反向操作，而且得手概率极高，但这并不成一条科学规律，只是一种操作经验和习惯而已。警告信号出现之后的假突破无疑是这一做法的最大杀手，一次假突破即可完全摧毁你的反向持仓。

白糖于 2012 年夏季出现的这波行情顶部无疑就是一个经典的案例。

借助于元旦、春节两节期间的需求预期，白糖行情被市场一路推升，短短一个月内被迅速拉升 800 多点。行情飙升之际，充分调动了糖厂的生产积极性，国内诸多糖厂加足马力不断增加着本已居高不下的库存。受此拖累，白糖行情于二三月份进入旷日持久的横向整理阶段，无序的行情被凝滞于上下 100 点的窄幅通道内。

基于对现货面的分析，我认为库存的消耗必将带来白糖的下跌，疲软的技术走势也预示着后市必跌无疑。于是我借助白糖横盘整理之际，于 6600—6700 的价位区域陆续布局做空一部分白糖。

万事俱备，只欠东风。

我在静静地等待着如期而至的白糖下跌，并积极建议客户也陆续做空白糖，基本的第一目标位，我们先预期会跌到 6000 整数关口。

白糖的整体走势格局看空安全性如此之高，以至于我陆续累加了较高的仓位。忽然一天，白糖行情不再平静，疲态转瞬消失，径直向上拉升，瞬间拉起来 100 多点，创出近期行情新高，事实摆在面前，这显然不是我预期中要跌下去的走势，我赶忙将所有白糖仓位全部砍出。

被市场多年洗练之后，像这种被逼出仓的情况下，我是坚决不会再反

第五部分
2012年，聚焦核心，深挖安全机会价值

手追涨的，我的各项分析还在支持我继续看空白糖，没有任何理由去买进多头。

这一次，我果断斩仓于黎明前的黑夜里，显然我对入市时机的把握，还是存在一些问题。

我只能静静地等待，多一些坦然，等待期待中的白糖下跌。毕竟第一时间认错带来的损失是最小的。经过假突破冲击之后，我将白糖的入场位设置得更加谨慎，以期行情完全确认再进场参与。

但还没有等到白糖的跌势确认，螺纹行情已经出现下行的确认机会，我将多数空头预算及时置于螺纹头寸上。也就捕捉到了我们前面提到的一波螺纹机会。但面对白糖随后的下跌确认，我已经无法再度增加更多的资金了。

由此，一波看得见、摸不着的白糖大跌之势，再次与我擦肩而过，我被远远地甩在了行情起点。

期货交易永远都是这样，很多分析到的行情未必能真正捕捉到，分析不到的行情靠侥幸更难捕捉到。

逐渐适应了一些交易的游戏规则，我还是必须得严守交易纪律。面对如此行市，我给自己定的一个最基本的要求就是宁可错过、不可做错！面对白糖甩我而去的行情，我很无奈，但只能平静等待。

一位据称是认识白糖业内主力资金的同事，习惯偶尔释放一些白糖的后市机密。

我们认识于2010年，面对白糖的走势，他总是习惯性地建议买进做多，而且据称是主力资金已经买进或计划买进几十亿的白糖多头。的确，2010年的白糖行情十分配合，从5000下方一路涨至7000左右，涨势之凶悍让人难以想象。很多朋友都借此知道了他认识所谓的白糖主力资金，因此陆续有人在白糖上经常咨询他行情走势。

可是，这波行情对他来讲无疑是一种折磨。他继续借助自己认识有白糖主力朋友，一个劲儿地鼓吹白糖后市会继续走高。在白糖一路下跌过程中，他依旧吹嘘主力资金的做多信心很坚决。

这样一个大喇叭整天这么吹嘘，不知道会有多少客户得跟着他深陷于白糖的泥沼中。

所有不劳而获者，可以侥幸获得短期收益，但这个市场没有给他们长期获益的机会。那些跟随他操作的客户，在白糖一路下滑1000多点之后，再也没能等到他的小道消息。

这个我们身边的期货小喇叭就此成哑巴了。

期货交易真是一个非常人的游戏。无数聪明而又成功的人士，兴冲冲地来到这个市场，但与市场过招数次即刻被洗得惨不忍睹。

我曾建议客户做空白糖，但我被市场残酷地逼了出来，而我有一位客户最终却坚持到迎来了白糖市场的胜利。

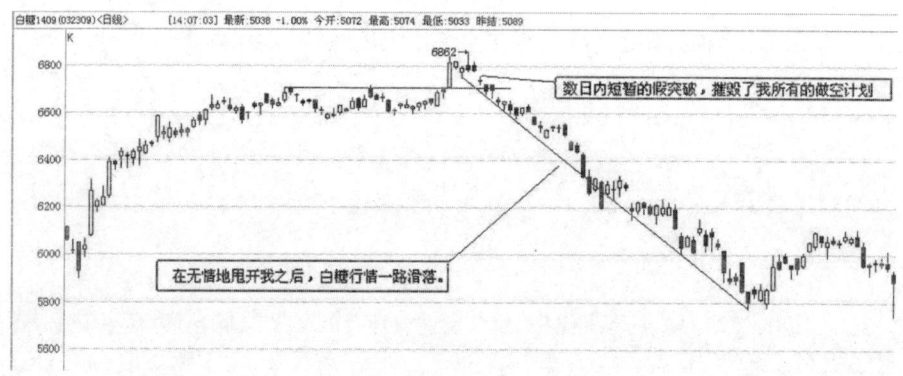

图23 白糖2012年走势图

由图23可见，白糖先是经历年初的两节需求带动了快速上升，之后横盘于一个狭窄的价格带里久久未出方向。我预判了行情的下跌，并且积极地做空，但一个快速的假突破，将我残酷地清洗出局，而后空头行情快速爆发，一波可观的空头机会，就此与我擦肩而去。

第五部分

2012年，聚焦核心，深挖安全机会价值

年初的白糖上涨行情惊心动魄，短短一月时间竟出现近1000点的涨幅，我因豆粕多头持仓较重，没敢再考虑追加其他品种的多头持仓，只得眼睁睁地看着这波行情越走越远。

一位老乡客户痴迷于程序化交易而不能自拔，他遍访全国期货交易界人士，寻找优秀的程序化交易系统。终于打听到上海有过一位程序化交易水平很高的交易员。但当他慕名而访之时，这位交易员已经远离上海，转移到湖南一个偏僻的小乡村去了。

于是他又四处打听，终于不辞万里找到这位程序化交易高手。

携带重礼拜见之后，他决定投资100万资金给这位交易员，期望程序化能为他带来好运。

元旦之后的行情相当不错，也是他们之间合作关系的确立机会，经过一月份这波快速的上涨行情，他充分体会到了程序化带来的好处——一个月时间实现30%的收益，一个异常可观的收益率。

在一月份战绩出笼之后，他匆忙联系我，让我帮他介绍一些客户，以期望在程序化上实现更大利润分红。

程序化的交易我早有了解，但我还没见过能大小通吃，稳定盈利的。一系列的问题会影响程序化的收益稳定性。

我建议他再多观察一段时间再做考虑。结果此后很久都没有他的音讯。

大致过了一年的时间，他再次联系我。这次同样是为程序化交易而来，不过并不是之前的那个程序化交易了。

因为经过一个月的快速盈利之后，他在二三月迎来了整个市场的横盘振荡，每个月都以近30%的速度回撤，那位重金聘来的程序化交易员，为他带来惨重的亏损，然后双方不欢而散。

对程序化的痴迷依旧不减的他，继续找寻更加稳定的程序化系统。这次他来找我，是想让我帮他盗取我们的一位同事的电脑内交易程序源代码。

不知从什么时候起，他跟我们一位从事程序化开发的同事联系上，从这位同事处获得一个程序化交易的试用程序，据说他先投入几十万试用过，一周帮他实现了80%的收益，但试用期后，那位同事要求他多缴纳一笔不菲的手续费，作为程序化软件开发方的费用。

精明的山西商人既想用这套软件，又不愿意付出这笔费用，于是他想到了我，希望我帮他把那套软件的源代码偷出来。

这么个事，我实在无能为力，也没有必要这么做。

那位同事期望在公司成立一个程序化交易部门，已经运作很长时间，但迟迟没有进展，总资金权益尚不足100万，我那老乡就投入了几十万，我怎么能相信他会有什么高收益回报的好软件？

程序化交易那些事

> 我始终相信，交易系统对发明者比对其他人更有用，更成功。重要的是将一种方法个性化；否则，你不会有使用它的信心。
>
> ——吉尔·布莱克（美国杰出交易员）

从事交易多年之后，越发感觉想要在期货市场上稳定盈利实在是一件异常困难的事，绝非我们想象中的靠一个好的交易程序、一个好的交易系统所能解决。

任何一位成功的交易者，都有一套非常漂亮而又实用的交易系统，但这套系统换作他人很难应用成功。这就是成功交易者的核心秘诀所在，开发一种与自己个性特点相适应的交易系统，需要将交易者所有的个性融入其中，方可应用自如。

在实战交易中，有一些共性的问题，是我们所有交易者的大忌，务必严格规避，例如重仓交易、逆势加仓、抄底盖帽等，这些做法无论发生于

第五部分
2012年，聚焦核心，深挖安全机会价值

哪位交易者身上，都将酿造惨剧出来。

但在规避这些共性问题的同时，交易者的成功离不开个性的融合。

没有个性的交易者永远不会成为优秀的交易者，交易的成功需要交易者不断完善自己的交易系统，不断糅合自己的个性于其中。

为什么买回来的交易系统更难让购买者获利，即便你购买到的的确是一个很好的系统？

根源正在于，交易风格与个性之间的严重不协调才是问题的关键所在。

想要获得一个获利的交易系统概率本来就极小，要获得一个符合你个性的交易系统的概率将更小！

一家期货公司在致力于程序化研究多年之后，终于开发出来几套系统。经过几个客户使用之后，效果显著，于是大肆推广，并在青岛组织大型推广会来吹嘘这些系统有多大优势。但后续随着使用者的增大，这套系统带给客户的却是更多的损失。

究其原因，不是这个系统不成熟，也不是这个系统没有任何优势，而是这个系统不具有更大的承载力，资金的加大有如高速上的堵车，车辆少的时候你可以高速行驶，当高速被车辆排满的时候，其功能已经全然丧失。

当更多的多头资金想在某个价位附近同时买进，必然造成价格的上扬，程序化可以无限扩容参与进来的资金，但同时发出的这个交易信号，却没有相应的对手来与您交易，这样就造成了程序化扩容带来的流动性问题，众人使用同一套程序必将让程序失效。

成功路上无捷径！走捷径者很少能真正实现成功的交易。开发一种有效实用的交易方法，是一件异常艰难的工作。难怪巴菲特从不泄密自己的交易策略，索罗斯更是将自己的交易成功推脱于第六感——后背发痛。美国作家约翰·特雷恩（John Train）于《点石成金》一书中，一语道破其中玄机："一个知道如何将铅变成黄金的人，是不会为每年100美元的报酬

而把秘密告诉你的。"

世界一流的运动员都将苦于训练，这种事前的努力和热诚才是他成功的根本保障。研究与观察是好的交易员必备的基本素质，艰苦的工作需要花在准备阶段，而不是盯盘。

随盘面舞动的心，永远不是成熟的心。程序化交易更多的是作为期货公司的营销手段而已。

由多名诺贝尔奖获得者组成的长期资本专事于系统化的交易策略，据统计数据显示，该系统失败的概率不足1%，但该系统的运行时间却很短，在遭遇俄罗斯违约危机之后，瞬间倒塌，让全球为之震惊。

第二十一章　银之光，量化红利如此迅捷

你必须坚持手中的好牌，减少手中的坏牌，假如你不能坚持手中的好牌，又如何弥补坏牌所造成的损失？有许多相当不错的交易员，最后是把赚到的钱全数吐了出来，这是因为他们在赔钱时都不愿意停止交易，我在赔钱时我会对自己说：你不能再继续交易了，等待更明朗的行情吧。而当你拿到好牌的时候，则要有耐性地拿着，否则你一定无法弥补拿到坏牌所输掉的钱。

——麦可·马可斯

继螺纹钢上市交易以来，我从未特意关注过新品种上市的行情走势，当然白银是个特例。主要考虑到新品种上市之后，很长时间走势

第五部分
2012年，聚焦核心，深挖安全机会价值

都显得比较无序，无法体现出整体的技术性形态，再者新品种的供需关系与期货市场的走势有个逐步磨合的过程，新品种上市容易造成比较大的脱节，不利于交易者把握行情机会。对新品种现货面也需要有个逐步了解的过程。

白银是贵金属家族中极其重要的一员，世界各地能够交易白银的除正规的交易所之外，还有很多的现货电子盘和二级市场，因此白银价格走势基本全球联动，跟黄金犹如孪生兄弟，金银是一家，行情走势不会产生太大的差离，因此白银一上市便引起了我的关注。

上市伊始的白银，并未显示出其有价值的行情机会，而是围绕6000上下徘徊，整体走势毫无气势。

人的本性不是努力去扩大收益，而是努力去扩大获得收益的机会。相信行情发展到这种程度，想要获得更多的收益机会，无异于自取灭亡，无序的走势将会扼杀更多的积极参与者。

优秀的交易员会尽可能预期事态发生的可能性，并有效捕获机会。将收益尽可能地扩大，而不是将获胜次数尽量扩大，才是交易获胜之本。

我一直在等待搜索不确定中的相对确定性，以期市场走出符合预期的技术形态。久经盘整之后的快速突破，无疑是一种异常安全的参与机会，盘整将为市场充分积聚力量，时间越长越有利于后市行情的发酵。

当白银持续盘整之际，这个备受国际投资者关注的品种，无疑是在等待着属于他的机会。美国经济数据持续低迷与就业市场的不理想状况，为QE3的推出不停地擂动战鼓，持续的量化宽松，最符合投资大众的预期。如此看来，白银行情选择突破向上理所当然。长期横盘形成巨大能量的集聚，一旦突破，将带来行情的快速发展和资金的急速增值。

大势为先，多重共振。

当技术指标初显上扬迹象之际，借助市场出现行情的一种征兆感觉，我借机再次陆续买进多头仓位。

长期的横盘整理已经形成一个经典的平台整理走势，市场对美国量化宽松持续性的预期不断加强，最终推动了行情的爆发。在有效地将一个价格压力平台击穿之后，白银行情有如脱缰之马，一路飘扬而上。

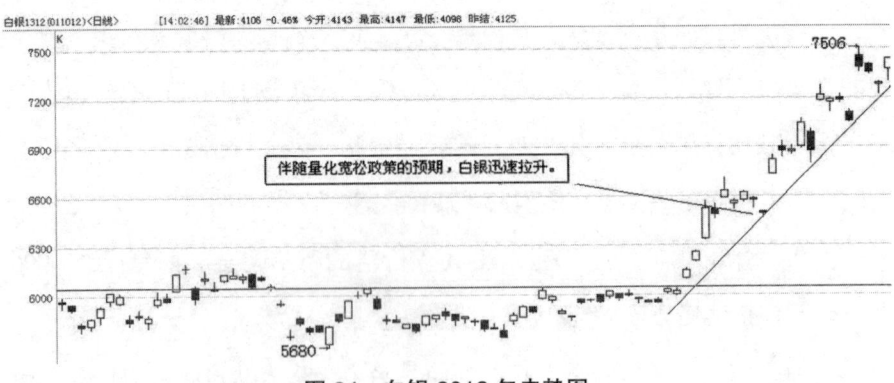

图 24　白银 2012 年走势图

由图 24 可见，伴随量化宽松预期的加强，白银打破久经盘整形成的横向压力平台之后，一路飘扬而上，鲜有回调地创出历史性新高。

这样的涨势来得如此迅猛，以致让我回想到"棉花神人"的棉花经典战役，时刻满仓浮赢加多，多么理想的策略，这无疑是短期内优化绩效的最佳方法。市场达到和保持新高的能力通常是显示存在推动价格进一步上升的强大潜在动力，白银创造出了良好的市场走势。但多年来屡遭市场戏弄，我已经完全丧失了那样的魄力，只得让自己适度做减仓处理，预算出一部分仓位来，在此基础上时刻浮赢加仓。这样既有利于减小资金波动，同时便于保护持仓，一旦出现不测，也不至影响太重。

白银的这波行情发展得异常迅猛，以致我仅仅利用一小部分资金，竟让所有资金实现翻倍的效益。

白银此役效率之高令人难以预期，事后我对这一经典走势反复回味，越发感觉值得深刻反思。

交易的核心目标不是要赢多少手、多少次,而是要把获利尽可能地扩大,以期实现收益最大化。

长期从事交易会培养起交易者对行情走势的一种盘感,逐步形成比较擅长的交易模式。我们没必要追求十八般兵器样样精通,但至少需要掌握适合于自身的三板斧,甚至个别交易者可以实现"一招鲜吃遍天"。交易者需要培养狙击手一般的精神,以便提高交易获胜的准确率,极力规避漫无目的的随意性交易。

第二十二章 托市干扰,政策带来的不确定性风险

很多交易员最常犯的错误就是次数太频繁。他们不会慎选适当的交易时机。当他们看到市场波动时,就想进场交易,这无疑是强迫自己从事交易,而不是居于主动的地位耐心地等待交易良机。

——汤姆·包得文

托市政策干扰长久以来一直是中国农产品市场一道独特的风景线,这一制度为不断变化的期货市场带来了巨大的扭曲效应。

为了保护农民的切身利益,刺激农业生产的积极性,我国针对很多农产品品种制订相应的托市管理制度。当农产品产量过剩之时,会出台相应的收储价格,制订一个最低的收储价,以免农民收入受到太大的市场影响;

当农产品需求紧张之时，又会有相应的抛储行为出现，以便满足市场紧张的需求，避免农产品被大幅炒作。

这一制度各有利弊，本可以用来协调和指导农产品的生产作业，使农产品的供求环节更加顺畅，但由于各方面的问题，一些该发挥的制度价值并未有效体现出来，相反带来了农业生产和流通中的很多弊病，农民的生产作业更是不假思索，一些品种产供需长期形成严重脱节。在影响和制约农产品生产流通的过程中，对期货市场上本可以市场化运作的价格走势，直接形成严重的干扰，时而会导致行情走出异常怪异的走向。

2012年的棉花期货走势，无疑就是受此政策影响最大的一个代表作。

经历了2010年的大幅炒作造成的棉花行情暴涨之后，整个棉花产业受影响很大，很多实体生产企业不得不被棉花快速上扬的行情所牵动，大批的原料备货于极高的成本价位，导致生产销售环节倒挂，有的企业产品成本甚至会高于其他同业的产成品价格，在大批棉花企业被迫停产的同时，棉花行情一蹶不振，洋洋洒洒地从三万多的价位滑落至两万，国家为避免不断下降的行情影响产棉区棉农的生活，影响棉花的生产种植积极性，因此及时出台棉花收储政策，以便托市不断下跌的棉花价格。

这一政策的出台，立竿见影地将下跌中的棉花扭转了颓势，行情被抬升于两万之上长久地整理着。下有敞开收储政策支持，棉价很难下跌，上有产业需求的压制，已经受到伤害的实体，很难形成较大的棉花需求。长久的收储政策，扭曲了棉花的市场价格，造成内外盘巨大的价差，甚至有人不惜冒险走私进口棉花再转卖给国家收储部门来赚取价差。

由图25可见，受国家托市政策影响，棉花价格长期位于两万以上调整，当2012年棉价受内外盘巨大价差影响，忽然快速打破两万这个核心支撑位后，直接带来很多以国家收储政策为出发点的交易者的亏损。

敞开收储给市场带来的支撑力量无疑是巨大的。当棉花被长期扭曲于

第五部分
2012年，聚焦核心，深挖安全机会价值

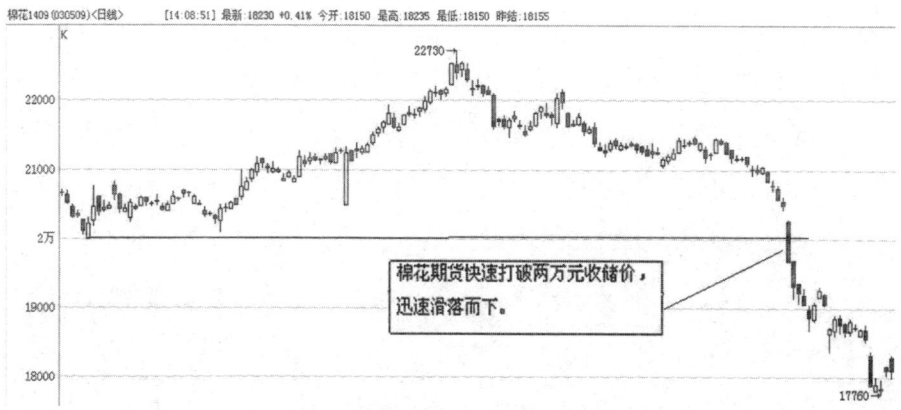

图25　棉花2012年走势图

两万多的时候，很多交易者都以国家收储价作为支撑点来买进，一旦棉花回落至此，总会形成较强的买进力量，推动行情上扬。

这个区域附近更是少有人员敢于做空卖出。我同样出于对国家收储价格的考虑，每当棉价回落至两万附近，总习惯性地考虑买进一些多头仓位。这个做法似乎很奏效，屡屡得手之后就快速收场。

五月的棉花收储价格，显然不再能够支撑市场上过量的棉花供给，棉花行情快速滑落，经过两万的时候根本没有任何犹豫，此后行情一去不复返，再也不愿意攀上两万这个位置。

我照旧在两万附近买进一部分棉花，尽管仓位很少，但连续下滑的走势却让人感到很纠结。毕竟账面显示亏损在不停地扩大，而且没有任何回转迹象。再三犹豫之后，棉花已经连跌多日，这次我的行动显然又犹豫了很多，带着一笔不少的账面亏损，无奈地认赔出局。

损失是这个游戏的必要组成部分，我没有必要再为这点损失而懊恼。但每次出现亏损出局，我总得揪出其中的原因，让自己赔得明白些，更免得后市再度栽倒在同一块石头上。

这次的亏损显然是一个新的问题，我过重依赖于国家收储价的支撑作用，导致自己大胆地进行了反向抄底行为，根本就没有相信行情会持续滑落。当行情跌穿这一核心价位之际，又出现了犹豫不决，造成止损信号出现之际没有及时采取措施。这无疑是交易策略的一个重要组成部分，交易的细节上又出现了新的漏洞，这个漏洞的发现又让我付了不少学费。为规避突发事件带来的不利影响，交易者有必要采取更加果断的行动。

每个人都怀有一种难以割舍的信念，期盼奇迹的出现，毫无节制地沉浸于一厢情愿之中。

一位朋友交易期货已经十余年，同样陷进了棉花的泥沼中。在这个市场上，经验越丰富，发生事故的概率越大。当棉花跌破两万大关之际，他同样不相信棉花的走势后市会持续下去，因此剩余的棉花下跌行情他全程陪伴了下来，结果造成过半的资金亏损后，棉花依旧迟迟不见起色，最终只得无奈地割舍。

受情绪、思想、市场行为走势等诸多因素影响，大多数人根本无法遵照自己的交易计划完成交易。期货市场中有数都数不清的因素会干扰行情的正常运行，当预期中的现象发生改变之际，很少有交易者能够果断及时地做出调整。

当政策性的方向支持受到市场的挑战，投资者更需谨慎对待。为规避不必要的损失，冷静旁观远胜于积极参与。

第六部分

2013年，运筹帷幄，得失权衡皆在个人

第六部分
2013年，运筹帷幄，得失权衡皆在个人

孙子兵法言："备前则后寡，备右则左寡，无所不备，则无所不寡"。交易同样要讲究"聚焦法则"，集中优势资源，聚焦核心品种。2012年的交易成功，总体归功于豆粕行情制造出来的历史性机遇与白银受益于量化宽松爆发的快速上涨机会。尽管其他品种也有所涉足，但总体上盈亏分量不是很重，无关宏旨。我为2013年更安全地捕获机会，做了充分的准备工作。

成功的交易离不开清晰厘定的交易策略，买进涨势品种，卖出跌势品种，无疑是交易最质朴的核心策略，所有职业化的交易员都视资金风险管理为核心，并极力使自己的一切生活状态都保持职业的方式。

成熟的交易策略需要交易员亲自去不断摸索与调试，才能真正在实战中做到游刃有余。在我为自己不经意间违背自己的交易策略而进行的交易感到无比郁闷和烦心之时，我更加深刻地领会了强化交易执行力的重要性。

从事结构化交易策略以来，不断地在资金管理、时机捕捉、结构完善上精斟细酌，以期实现资产账户的平稳增长。

第二十三章 谋空焦炭，交易策略的完美执行

形成一套符合自身个性的核心哲学，是长期交易成功的根本要素。

没有核心哲学，你就无法在真正的困难时期坚守你的立场或坚持你的交易计划。你必须彻底理解、坚持信奉并完全忠实于你的交易哲学。为了达到这样的精神状态，你必须要做大量的独立研究。一种交易哲学不可能从一个人的身上传递到另一个人的身上，你只能用自己的时间和心血去得到它。

——理查德·德里豪斯（国际投机大师）

看似简单的期货交易，实则是一个风险性极高的行当。科学无法解决期货面临的不确定性，哲学无法解决期货交易带来的情绪波动，心理学无从消除期货激发的交易赌性，占卜术更显得毫不靠谱。但现实交易中，不断有人尝试借助各个领域的专业知识来解释期货交易带来的混沌局面，真解似乎始终是个谜。

期货交易需要交易者具备相应的专业知识水平，但很多门外汉却一头扎进这个迷宫不得脱身；期货交易需要交易者具备相应的经验积累，但很多参与者将自己在其他行业的成功经验拿来验证期货交易；期货交易需要交易者全力以赴地投入时间、精力、金钱，但更多的交易者懒散于交易，

第六部分
2013年，运筹帷幄，得失权衡皆在个人

三天打鱼两天晒网，看似轻松的做法最终都付出了惨重的代价。

专业的人做专业的事，本是社会发展带来的分工协作进步，但多数涉及资金方面的问题，尤其是股票期货等，参与者却勇于抛弃社会分工，亲力亲为地操持资金是多数人亏损的一大根源。

代客理财在期货行业早已盛行，这也是期货交易行业进步的一大表现。资金与技术的完美结合，将会创造巨大的利润。曾有人携重金遍寻优秀操盘者，最终实现资金的稳定增值。遗憾的是，更多的理财合作是以失败而告终，模糊松散的合作模式，最终造就更多的代客理财稀里糊涂地失败。

自几年前帮白哥管理账户之后，我偶尔接触过个别希望能帮着管理资金的客户，有的客户对资金增值的预期非常高，有的客户对合作双方的约束含糊其辞，有的客户更是频繁干扰你的交易，这些情况都将直接导致合作的失败。

期货交易本身就是一个异常复杂的工作，需要交易者时刻警醒自己，不断反思既往交易情况，更是一个极度忌讳财富欲望膨胀的行业，短期的资金快速增值往往会带来对后市增值的更大预期。没有清晰厘定的合作条件，松散地进行合作，终将导致双方不欢而散。

曾有人请我的一位朋友帮忙操作，在第一年实现总盈利40%多的情况下，双方本来合作得非常默契。但这个人不知什么时候认识了另一位操作过期货的交易员，那边的吹嘘是几天便可以帮他翻倍而上，最终经不住诱惑的客户将账户转给这位吹牛者，结果不仅没见到资金的丝毫增值，反而很快将本金亏损过半，然后跟客户玩起了躲猫猫游戏，想再找到他实属不易。这个市场什么样的人都能见到，功利心的膨胀让很多参与者自食恶果，认错到底需要多大的勇气？

一年前，一位私企老板似懂非懂地撞入期货交易这一行当。他本来已经交易股票有多年经验，倚仗自己资金实力雄厚，每当持有股票亏损一段

时间，他会不断追加资金来拉低成本，多年的股票操作下来，他完全依靠自己后备资金实力和耐心地等待，创造了微薄的利润。

在了解到期货交易的一些情况后，他兴致勃勃地加入期货交易队伍。

与操作股票手法如出一辙，死不认输是他的基本原则，浮亏加仓更是习以为常。在频繁爆仓和合约到期交割干扰之下，他根本无法继续像持有股票那样坚持持有自己的交易品种。忙碌的生意更是挤占了他大部分交易时间，经常是手持重仓却又没时间看盘，这样他也成了期货公司风控人员的重点服务对象。

经过近一年的无序折腾，五百万资金被市场无情地掠走四百多万。惨亏之下，他对期货交易完全失去了信心。恰好在年初时分，他提出希望我来帮他管理剩下的那点资金。双方就合作的一些约束性条件提前谈好之后，我们的合作从春节后开始了。

春节前受冬储习惯的影响，螺纹钢和焦炭行情均向上有所拉升。节后的走势疲态尽显，完全符合行情即将爆发的表现。借此我将操作策略做了更细致的改进，毕竟帮客户管理资金需要更加谨慎。

冶金焦炭是一个比较特殊的品种，自2011年上市交易以来，基本呈现易跌难涨的局面。主要因为这是一个中间夹心层品种，受下游钢厂产能过剩，经济效益滑落影响，焦炭产业整体也存在严重的供过于求现象。因此，整个焦炭产业的产业资源为防止行情滑落的不利影响，积极地在期货上卖出套保，形成明显的空方主力。该交易合约的设计又显得不太合理，每手交易近两万左右的保证金占用，直接将很多散户排挤出局，因此交易的活跃性受到影响。多空相对失衡的状态导致该合约总体易跌难涨的局面出现。

因此，当螺纹与焦炭同时出现走弱迹象之时，我更加偏重于在焦炭上布局空头。

第六部分
2013年，运筹帷幄，得失权衡皆在个人

多年来，我一直努力完善自己的交易策略、以期找寻并完善真正符合自己个性的安全策略。几经反复之后，测试性交易方法：轻仓试探建仓，逐步在正确的基础上累加仓位，步步为营，稳步布局，已经成为我应用最为娴熟且安全性很高的一大策略。只要做好护仓准备，这无疑是一种极佳的"赔小钱、赚大钱"的方式，理性的策略甚至可以将交易中的情绪化波动一扫而光。

这一策略的应用无形中将收益预期置于更理性的地位，交易者一旦降低了风险，将会获得额外的成就感和控制力，同时那种鼠目寸光、急功近利的操作方式也被一举消除，市场的无序震动带来的短期意外根本无从伤及我们。

尽管并未企图卖在行情的最高点，买在最低点，但几乎就在焦炭下跌的第一时间，我积极地做空一部分。价格始终会沿着阻力最小的方向运动，此后焦炭一路下滑，更增加了我不断积累空头持仓的信心，有利润保障的累加会让交易变得无比轻松。

行情的如期而至在迅速地扩张着账面利润，这应该是我继续持有并考虑再度扩大战果的绝佳机会，不见底部反转信号即可轻松地坚持下去。

不速之客再次来袭。面对钢材行情的不景气状态，一家已经联系很久的钢厂决意要参与期货的套期保值工作，希望我去给他们做一系列全面的培训，以便客户更便捷地参与进来，这也是我的经纪业务本职工作，我不敢有丝毫怠慢。

一周多时间的培训，我不知道行情会变得怎样。单纯的预测市场已经毫无价值，我需要对现有持仓进行及时处理。焦炭持仓已经略显偏重，我只得将所有的焦炭全部处理掉，以免没时间关注造成不必要的麻烦。

仅留有少量的螺纹钢持仓，我轻装上阵为钢厂详细讲解并协助制订了一整套套保策略。

一周时间转眼而逝，钢厂成功地参与期货套保，并规避了2013年最大的一波下行风险，而焦炭行情已经远我而去，再次追空将面临较大的风险，一波更大的下跌行情机会，就这样无奈地丢失。为这次培训，我付出的机会成本实在是太大了。

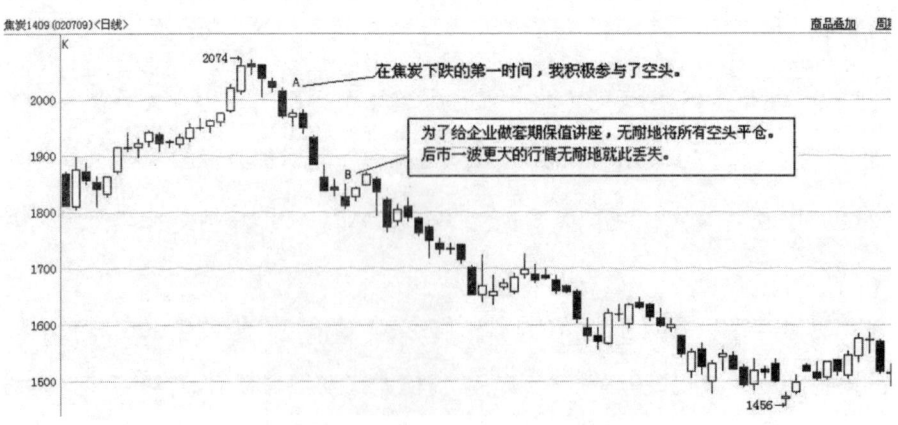

图 26　焦炭 2013 年上半年走势图

由图 26 可见，焦炭于 2013 年初出现弱势下行机会，我在第一时间积极地参与进去，也实现了这一年的开门红，按照交易计划本可持续享受这波下行带来的更大机会，但为了一场套期保值培训，焦炭行情却远我而去。

期货交易会有数不清的亏损理由，或者让你丧失良机的理由，究竟哪条更显得有理有据？

找寻太多的借口，对交易来讲并没有任何价值。但一些靠交易者主观努力可以规避的噪音，更加值得引起交易者的反思。

这已经不是我为一些琐碎杂事第一次丢弃掉行情机会了，只是这一次丢掉的这波行情实在太大，多少还是令人感到遗憾的。鸡毛蒜皮的杂事都需要交易者为之承担巨额的机会成本，实在不是个划算的做法。我逐渐意

第六部分
2013年，运筹帷幄，得失权衡皆在个人

识到自己的一些做法还欠缺职业性，成功的交易需要交易者全方位地投入进去。

成功离不开专业化，是放之四海而皆准的法则。

伴随高杠杆而生的期货交易具有巨大的风险，一上来就满仓、重仓交易无疑是最不明智的交易策略。赌徒一般有两个特征：无知与自信。赌徒在这个市场上永远不会有好的下场。

在经过多年市场磨炼之后，成千上万次的试错、纠正错误、反思总结，让我逐渐摸索到合理地把控风险的一些技法，依据自己的一些分析方法，完全可以捕捉到更多的安全机会。

但一些鸡毛蒜皮的事情和职务性的事情会不时来干扰，挤占我的交易时间。

成功路上无捷径，我不得不考虑适当做一些调整。

通观全球成功的投资大师，无不全力以赴、兢兢业业于自己的事业。

专业的人做专业的事，这是社会发展到现在，造就各行各业精英的最质朴最精准的总结。

每一个成功的投资者，都将把精力集中于自己熟悉的一小部分投资对象上，做自己擅长的事，方可体现竞争优势。那种这山望着那山高，三天打鱼两天晒网，鱼和熊掌想兼得的人，永远不会精于业务。似懂非懂的假懂现象，无异于掩耳盗铃，都将受到投资市场的惩罚。

用沃伦·巴菲特的话来讲："关于你的能力范围，最重要的事情不是这个范围有多么大，而是你划定的边界有多么合理。"

在专业化操作方向上，我不得不为自己的定位做出适当的调整。

第二十四章 钢市不济，有风驶尽帆

山，风，松，火。

日本将军 Shingen 将 17 世纪日本军队信奉的原则总结为：要在战斗中获胜，就要知道何时：

静如山；

疾如风；

忍如松；

攻如火。

屡次在螺纹钢的交易中有所斩获，不禁让我反思在这一品种交易中自己的一些优势与心得。

自螺纹上市交易以来，一直长时间关注着螺纹钢的走势，或许这么做会形成一种所谓的盘感。螺纹钢走出什么样的形态，后市有多大运动幅度，都能大致有个预估。这不是预测螺纹的行情走势，而是凭借经验来把控熟悉品种既成的某种运行模式。

交易者有必要对自己习惯交易的品种有一个长期的跟踪了解，以便掌握该品种的波动习性。我曾为熟悉不同品种的波动习性，陆续分散于很多品种上观察很久，自然会留意到各个品种经常出现的一些惯性走势。

行情的涨涨落落从不停息，这种无穷无尽的重复走势会有很多似曾相

第六部分
2013年，运筹帷幄，得失权衡皆在个人

识的情况出现，我们可以就其提取经典标本，以便做日后操作的指引，找寻更安全的交易模式。

在螺纹上的交易成功，还得归功于我紧密跟踪于现货产业的辛苦付出。起初去了解现货、接触现货，目的十分单纯，就是为了开展经纪业务。但久而久之，我在钢材产业上下游之间结识了很多产业资源，从大型的钢厂到钢材贸易商之间，行情的波动会时刻以某种方式在他们身上有所反应。

行情始终会按照一定的形态和顺序来演变，涨落大潮中，会出现一些比较安全的机会，也会存在颇具争议的看法，交易者需要心态平和、放松，集中精力寻找最好的、最安全的交易机会。

在螺纹钢现货资源的接触上，我始终没有认为自己是在做市场调查，而仅仅是为了开展经纪业务，但多年的现货了解经验告诉我：

1. 行情的变化往往会写在现货商的脸上。多数现货商的喜形于色，忙碌不息，多伴随有良好的行情涨势；多数现货商的忧愁郁闷，无所事事，往往与行情的下滑走势相伴。

2. 尽管期货具有总体市场的定价权，但任何期货上的成规模的行情发酵，都将伴随有现货上显著的供需关系密切配合。供不应求无法将行情压制下去；供过于求更难以推升行情走势，这才是理想行情爆发的根源。

3. 连现货贸易商都看不懂的行情走势，我们最好避而远之，何必要参与？现货商对行情看法的分歧越大，参与期货交易的难度越大。勉为其难地捕捉这种机会，只会增大我们的风险。

螺纹期货上的成功交易，让我逐渐意识到深入了解现货产业的必要性。

良好的开端是成功的一半，无论任何行业，皆是如此。

几乎与焦炭的建仓同步，我在螺纹下行刚刚启动的第一时间，便适当地做空了一部分，只是仓位较轻，再加上是计划给钢厂做培训，肯定会有时间关注螺纹的走势，于是这些持仓没有受到任何影响。

或许交易者眼中只有市场的一个侧面，我在坚决看空螺纹的同时，也轻仓累加着空头仓位。等钢厂培训结束时，螺纹行情已经从4300附近滑落跌破3800价位，一波可观的行情已然走出。

任何行情的发展都不会一帆风顺，期货行情总是诡异地运行着。

一天，我正在一家贸易商朋友处，上午时分他们还在想方设法低价甩货，担心自己那堆积如山的现货被压在手里。等到10:40分左右，螺纹行情一改之前的颓势，短短十几分钟时间，竟从3741附近直拉160点起来，行情直逼3900整数关口而去。

现货商朋友赶忙四处打电话咨询出了什么事情，最终也无从晓得是什么原因，但已经有规模大一些的贸易商在释放封库的信号。

一个小时前还都在发愁甩货问题，转瞬就变为封库看涨，这样的情绪也只有期货能带动出来。期货市场的运行已经改变了贸易商之间的传统运行模式，以往的一日一报价机制明显落后了，现在已经改为随时调整价格，有时候一天会有三四次报价情况。

显然，在积极封库的同时，会有人大胆地买进期货，毕竟这是一个短期看涨信号。贸易商的情绪已经完全被期货所掌控。

在整体局面供过于求的情况下，我始终坚信行情没有最低只有更低，后市还会继续下滑。

人们在面临获得时喜欢规避风险、面临损失时却又变得偏爱风险。

就在这波下跌行情中，一位钢贸商老板积极做空，但他参与的手法显然是多数交易者最容易极端化的一个做法。早在螺纹位于4200多时，他就重仓卖空，随着行情的下滑，他的手法异常果断，时刻满仓浮赢加仓，又是一个极具魄力的策略，显然这样做的力量来源于他对现货供需的了解。行情继续下滑，他就持续着他的这一手法，直到螺纹跌破3800下滑之际，他还在继续重仓累加着空头，巨额的账面利润已经完全激起了他的赌性，

第六部分
2013年，运筹帷幄，得失权衡皆在个人

只恨行情跌得太慢。

无论如何，视此为期货交易取得成功的标本，显然是很危险的。

天有不测风云变幻，谁也找不到究竟是什么原因在作怪，螺纹钢忽然爆发的160点反向回拉，让他已经严重超载的持仓无法满足负荷，累积总资金出现近40%的回吐，迫于无奈，他不得不平仓了结，积累一个多月的盈利持仓，就这么瞬间又全都交回了市场。

如此生动的事实说明：赚钱是个慢活儿，亏钱总是一步到位！

重仓交易制造的又一个牺牲品活生生地出现了。不明缘由的快速上涨，对参与者来讲始终是个谜，至今都无解，但实实在在的亏损却及时地计入了账本。

期货行情的变化并不总能给出合理的理由，有的行情爆发甚至毫无原因可言，但不少交易者总期望找出一些牵强的理由来给自己作解释。

一切多头操纵力量无论多么强大、天衣无缝，在熊市大势下都将注定其失败的命运！

短暂的上扬之后，带来了行情的无序上下波动，几经反复，让很多参与者无奈地退出，甚至有的交易者损失惨重。数轮洗劫之后，行情继续延续了"没有最低，只有更低"的走势。

此轮行情，我只是轻仓参与，没有受到螺纹上下宽幅洗盘的影响，最终迎来了新的低点而陆续出清，也算是赢得了又一大获全胜的战役。

当交易者在市场中浸淫多年之后，自然会形成某种习惯性的态度，这也是职业与业余人员的显著区别。

追求与把握期货交易的安全模式，是成功交易者必备的素质，但任何做法都将过犹不及。

一位钢材贸易商老板在经过两年市场洗刷，交出数百万学费之后，终于悟到期货之真理。但他的理解又从一个极端走向了另一个极端，早先一

直都是忙进忙出地搏击着期货带来的短线波动刺激，在屡受市场戏谑之后，他来个极限大转弯，将安全模式提高至了极限。

这位老板招聘来两位专业的分析师，让他们从各个角度对螺纹行情进行无比细致的分析，但对资金的实际参与条件设置了一道非常人可跨越的门槛。

他要求分析师分析好具体时机，然后预备数千万的资金一次性参与进去，一年只需捕捉一两次机会即可，但一定要准确无误，这些资金不得有任何散失。

这位老板显然视期货分析为某种精确化的科学研究，以期研究出精确无误的进出场机会。

全面的分析与永久的等待，带来了永远的迟疑不决。两位分析师花费一年多时间，没有找到一次精确的入场机会，更没有人能承担得起数千万资金的丝毫散失，这位老板在错失近期的几波颇具规模的行情之后，显得异常无奈。

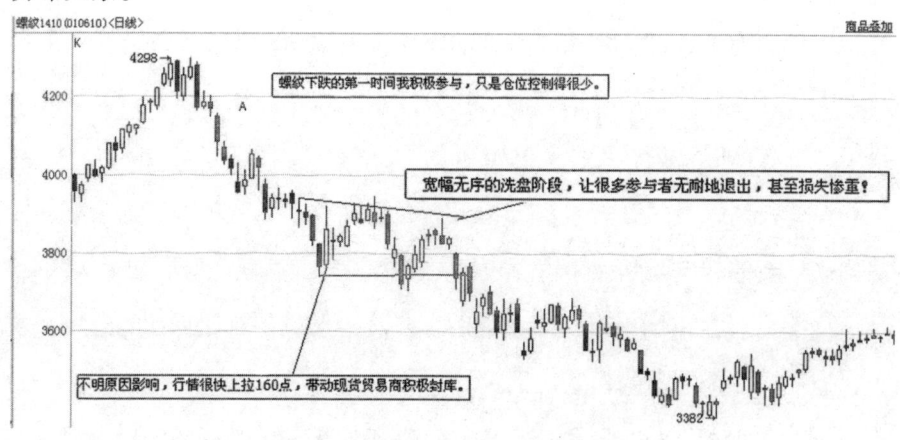

图 27　螺纹 2013 年上半年走势图

由图 27 可见，2013 年初，螺纹行情走弱的第一时间，我便轻仓入市做空，后续经历宽幅振荡洗盘而未受其动，最终成功赢得了螺纹的又一波下跌机会。

交易计划的错误，带来的必将是执行的无奈！

这位老板提出的要求看似很简单，实则不是一般的苛刻。在这个无序的市场中意欲找到万无一失的机会去重仓参与，这是一个多么理想化的境界。

不能怪分析师无能，只能怨老板太精明。换作是我，估计效果无二，给我十年甚至更久时间，我也不敢为此下一单，一剑定江山，难度不一般。

期货交易会有数不清的误区存在，毕竟人类的认识局限性很大，想要找到适合自己的完美交易策略并非易事，甚至有人交易一辈子都不会找到自己对路的方法。

这位老板对期货交易的理解过于极端化，带来的是截然不同的两种效果，从博傻亏损转为永久的静待良机。殊不知，期货交易的风险随时存在，再安全的机会，也会蕴藏着极大的风险，数不清的成功交易者均被一两次的意外风险所击垮，谁又能知晓分析师长期专事分析所得到的安全机会，会是什么样的结果？

永远玩得起的概率事件

成熟的交易者永远会权衡风险的可控性并力争实现收益的最大化，但重仓参赌或满仓交易始终是交易者的大忌，既然这样的做法很难长久，抑或成功率极低，交易者又何必去自讨苦吃。

所有成功的交易都需要参与者独立思考，按自己可控的策略去执行。

重视资金管理，无疑是多数交易者走向成功必备的前提。

止损是交易游戏的保护神，没有止损意识而去参与期货交易是极度危险的。留得青山在，不怕没柴烧，止损不是交易的失败，及时止损是为下一次更安全的交易机会留下足够的资金，对实现长期稳定增值意义重大。

几乎所有成功的交易者都会强调止损的重大意义，然而，止损对很多投资者是个很严峻的考验，进行合理有效的止损是科学与艺术的完美结合，没有机械的定式可遵循。

交易者也不能无原则地止损。在期货交易中，确实有些人因为没有止损概念，在市场大趋势运动中，一次方向做反，导致全军覆没。但是，更多人的失败，往往不是因为止损不及时、不果断，或者是根本没有采取止损措施，而是他们太过于频繁地止损了。只要自己的交易出现一点点的浮动亏损，他们就惶惶不安，害怕损失扩大，进而来回割肉。没有丝毫安全边际的交易，只能带来频繁的止损。因为情绪、心理和精神等主观的原因，无原则地止损、胡乱地止损，结果许多方向正确的交易也让投资者止损了。止损无疑是资金管理中首当其冲的要事，也是交易者最难掌握的一门技术。

进行期货交易，首先必须树立一个正确的盈亏概念，交易者若不具有任何承担亏损的能力，期望在期货市场上做到百发百中，是一种极其危险的做法。损失永远是期货交易不可或缺的组成部分，美国有一位投资评论家，在其著作中这样写道："不能适时接受亏损，是众多投资者在金融风险市场惨遭失败的共同原因……我不断告诫自己，通向财富的道路不在盈利多少，而是在出现亏损的情况下，要正视亏损头寸，并作出审慎而果断的决策。"

交易中的急功近利会把本金累少。理性控制交易资金，做好止损准备，是期货交易的必备课。真正理性的投资者永远只做玩得起的概率事件。长期稳定的盈利不是随投资者的主观意愿而实现的，市场上的短期极端无序性会秒杀掉很多侥幸的投资者。

"亏小钱，赚大钱"才是期货交易走向成功的核心路线，只要盈利的仓位创造的收益大于亏损的持仓造成的损失，交易者就有机会在市场上有所盈余。交易的成功不是你哪一笔交易获得了巨大利润，也不是你哪几笔交易无比的成功，而是你长久地能经受得住市场磨炼，永远只从事玩得起的概率事件。

第二十五章　夏日里，小麦大爆发

> 我最糟糕的一笔交易，就是源于冲动。根据我的交易经验，从事交易最具有破坏力的错误，就是过分冲动，任何人制定交易都应该根据既定的交易信号进行，千万不要因为一时冲动而仓促改变交易策略。因此，不要冲动是风险控制的第一码事。
>
> ——布鲁斯·柯凡纳

期货市场的反周期现象，表现在农产品上总是显得更加牢靠，毕竟农产品具有显著的生产周期，快则需要三五月，慢则等待一两年，这样的情况于2013年夏收季节反映于小麦行情上，显得更加安全可靠。

经历了元旦、春节两节的正常消费需求预期之后，小麦逐步步入下行轨道，并缓慢探底。就在众所预期的夏收压制下，数重因素推动了小麦的快速上扬。

其一是2013年4月22日，华北地区开春一场大雪来得着实不是时机，让沉甸甸的小麦不堪重负，瞬间倾倒一片，直接影响小麦收成自是毫无疑问。据说北方这场大雪竟让山西地区大面积树上无果，核桃、梨、苹果之类的均成重灾品。大雪过后，河南河北主产区小麦生长状况明显受到影响。

其二是下游加工品的刚性需求推动。中原某些地区竟然出现面粉加工厂提着现钞买不到小麦的现象,刚性需求自会推升小麦行市。

其三是一些小道消息传言也随着现货的紧缺四处传扬,据说河南有些地方大面积种植小麦的种子出现了问题,竟有颗粒无收的现象出现,真是祸不单行。

其四是2012年豆粕行情暴涨之际,大量的小麦用于替代豆粕,充当了饲料,陈粮库存影响明显。

在小麦多重利多因素逐步汇集的四月,将资金适度集中于小麦上无疑是不二之选。

迎春大雪过后,我借鉴自己在螺纹钢上的做法,期望能实实在在了解现货上的状况,于是遍访小麦主产区,进行实地考察,以期掌握小麦现货一手信息。这也是我初次去刻意地实地考察,调查了解一个行业的现货情况,从农户到面粉厂近乎一致的看多观点,给了我充足的买进理由。所有产品的成规模行情爆发,现货商一定明白是怎么回事。

多重因素的支持下,2013年4月底,我将预算于小麦品种上的多头仓位陆续建仓,开始考虑布局这波难得的机会,经过近两个月的等待与陆续布局,行情似乎一直在等待某种机会的到来。

端午小长假过后,小麦行情终于于6月13日实现一飞冲天,完全脱离了之前的盘整平台,自此开始了加速持续上扬之路。原来小麦的收成状况已经一切大白于众,显著的减收事实直接推升出如此雄壮的涨势。

今夏粮食齐爆发,拿着不动即可发。这也成为我今夏夏收之后长期指导客户交易的核心方向。

对后市行情的一致看好,导致农户惜售心理陡升,面粉厂竟然出动大量人手去走村串巷地收购粮食,但效果依旧不佳。

由图28可见,这是我自从事期货交易以来首次从鱼头吃到鱼尾的交易合约,在小麦处于底部区域之际,华北地区一场大雪和一系列的现货面

第六部分
2013年，运筹帷幄，得失权衡皆在个人

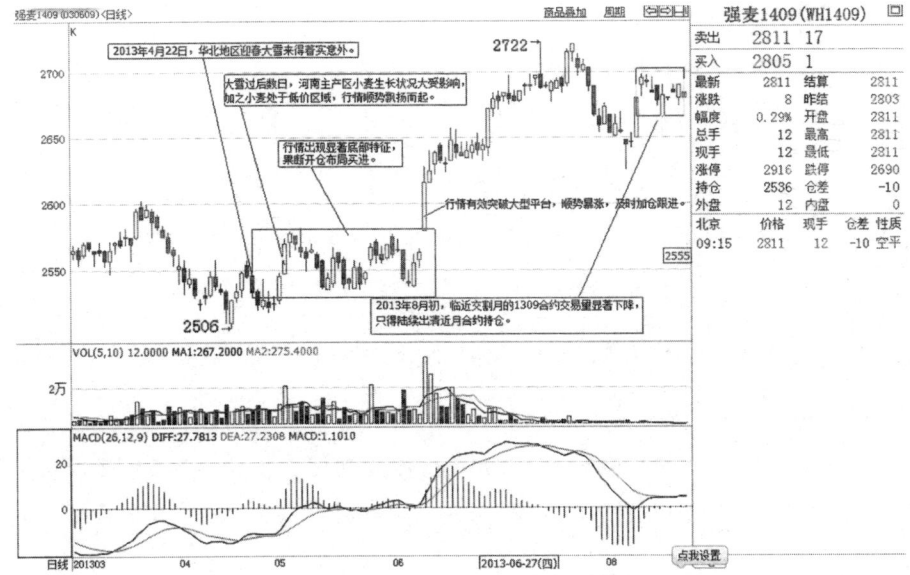

图 28 强麦 1309 合约

紧张因素共振，技术指标也不断配合，形成了安全性极高的买入机会，借机我大举建仓买进，一波行情走完之后，该合约面临交割期临近，交易量急剧下降，也为我全身而退提供了机会。但据我判断，小麦的走势依旧没有结束，只得陆续转移至 1401 合约上交易。

就连面粉厂都买不到小麦，而我却可以轻松地放大杠杆买到，何乐而不为？

何谓期货交易的安全模式？无外乎寻找各方面信息显示最为安全的交易机会。

小麦基本面上多重因素都汇集于看涨的一边，充分支持着行情的发酵。

技术面上又出现了一个近乎完美的平台突破，而且这一突破带着巨大的成交量来支持行情上涨。

这无疑是眼前的最高概率事件，此时不行动更待何时？面对如此千载难逢的机会，我顺势加仓至 50% 持仓，等待着行情的持续发酵。

冬小麦一年只有这一收获季节，所有农产品的上涨最大的助推力无疑来源于收获季节严重歉收的影响，这一影响之深远绝非短期可以避免，不出意外将直接影响到小麦的最大需求季节——元旦、春节两节期间。

我只能静静地等待着行情的持续发展。快速上拉数月之后，小麦行情出现一波小幅的回调。但我始终坚信行情将沿着最小阻力路线逐步上扬，于是我的小麦持仓分毫未动，经受了一波行情的严重回调考验。鉴于小麦带来的巨大利润保障，我大胆出击豆油，结果同时豆油也出现回撤，我的账面收益也随之产生了今年的最大幅度回撤。

小麦的中继调整伴随着主力合约的转换仓位，走出一个异常经典的圆弧底形态，支持着后市的涨势，但1309合约已经逐步失去流动性。交易活跃是交易者参与期货交易的首要要求，对已经丧失活跃性的合约及时撤出有利于保障资金的安全性。借机我将1309合约上的小麦持仓全身而退，并陆续转换到新的主力合约上去。到此为止，强麦1309合约也成为我自交易期货以来，第一次真正从鱼头吃到鱼尾，全程陪伴下来的交易品种。

资金的转移在新的主力合约1401上形成一个异常经典的圆弧底走势，据行情信号来看后市上涨已成必然。我在移仓过程中，采用了更加安全的策略——滚动交易移仓，以免再度出现大幅回撤造成资金的巨大回撤压力。

成功的交易一半靠思考、一半靠行动。

由于持仓较重，我对小麦投资的头寸时刻进行紧密的全程监控，也保持着与上次实地考察时结识的现货商的沟通，以便掌握现货市场的实时动态。在强劲的需求推动面前，小麦的任何向下调整都将是补仓做多的好机会。

小麦行情的继续上扬又迎来了一个关键季节，新季冬小麦的种植问题。天灾连发，祸不单行，小麦主产区的干旱问题一直影响着农民的种植进度。

第六部分
2013年，运筹帷幄，得失权衡皆在个人

再度出现靠天吃饭的问题，对小麦行情无疑是一种刺激。但当行情借此推高之后，已经消化了很多的利多因素，一旦天降大雨，必将减弱资金的关注度。

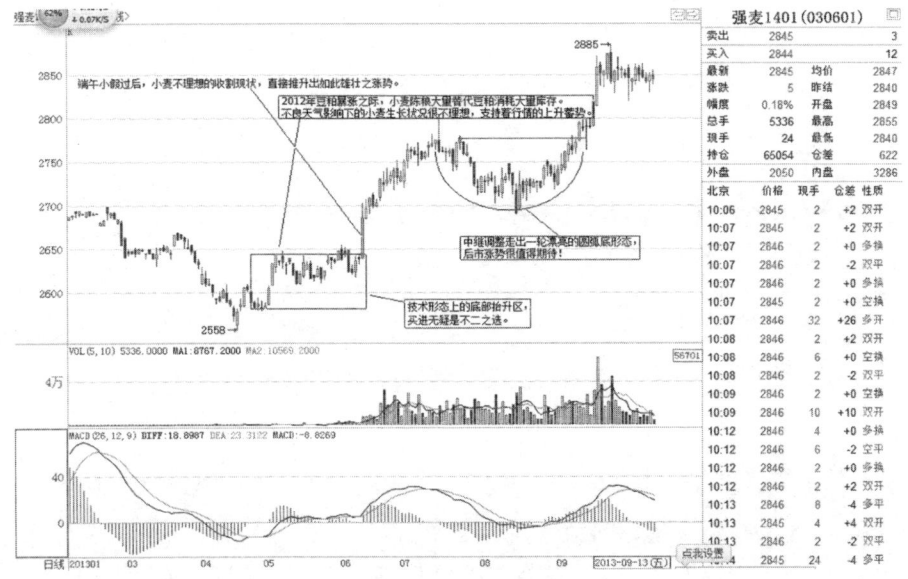

图29　强麦1401合约

由图29可见，由于多重因素形成多头共振，我在1401尚未形成活跃走势之时，已经陆续买进了不少仓位，以期等待长期的上扬走势出现，避免不必要的移仓带来的机会损失和交易成本增加。

由图30可见，及时雨短期影响了投资者的情绪，但所有供不应求的品种出现下跌都是一种意外，借助行情的快速回升，小麦1401合约流动性骤降，又一次给了我全身而退的良机。

一场及时雨的降临，即解决了小麦种植的问题，也带来资金的短期炒作机会，小麦快速回撤。这波回撤又快又狠地直接洗出了很多高位追多者，但小麦供不应求的局面并不能因降雨而解决。雨后又是一番新景象，小麦再度快速上拉，再次给了买进的好机会，很快恢复至之前的高位，随着交

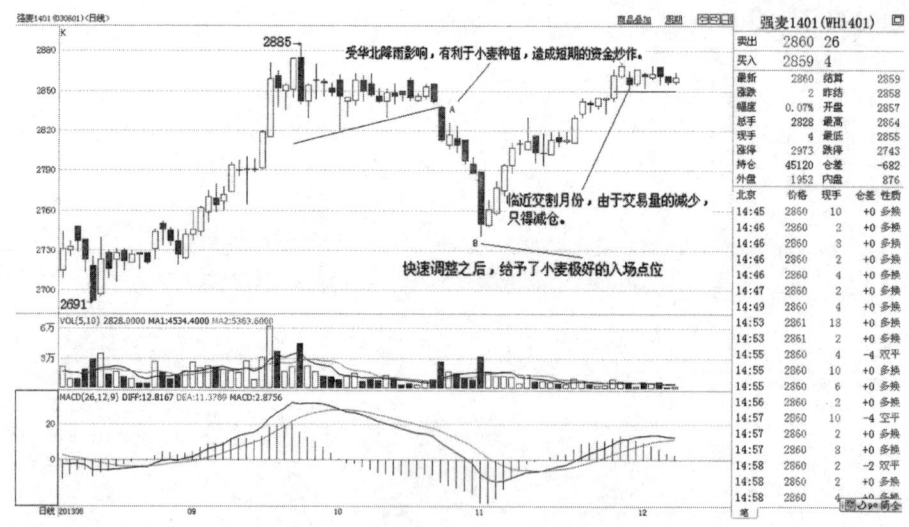

图 30　强麦 1401 合约临近交割走势

易量的下降，我在小麦连续两个合约上把握住了从鱼头到鱼尾通吃的机会。只剩下 1405 合约等待着两节需求旺季的到来。

小麦两个合约从头到尾地通吃行情，的确为我的资金增值不菲，更关键的是借助小麦行情，我隐约找到了一种把握安全机会的技法。

小麦此役真是天赐良机，行情波动虽小，但贡献着实不小。

第二十六章　半程行情，也是一种胜利

不要被获利的喜悦冲昏了头脑，要知道，天下最难的是就是如何持续获利，一旦赚到钱，你就会希望继续赚到更多的钱，这样一来，你就会忘记风险，你就不会怀疑自己既定交易原则的正确性，这就是

第六部分

2013年，运筹帷幄，得失权衡皆在个人

导致自我毁灭的原因，因此，你必须时刻保持谨慎，亏钱了要十分谨慎，赚钱了要更加谨慎。

——马可·威斯坦

人生没有排练！每一次都是第一次，每一次过后没有机会重来。因此，但凡重要的行为，我们的本意都不想搞砸，但是不知道多少悲剧的发生在于我们根本没有机会来纠正我们的错误。

期货市场从某种意义上讲，不单单是赌场，更像是一个刑场。有人更是不惜用自杀来诠释自己对期货交易的理解。

美国著名的期货投资大师《股票大作手回忆录》作者杰西·利弗莫尔，晚年在赔光所有一切之后，饮弹自尽，留下令人深深的迷思："我的人生注定是个失败。"

受美国量化宽松退出预期的升温，2013年初黄金白银出现集体跳水，在接连封停跌停板数日之后，某银行监事长在金融街不惜以飞身跳楼来响应黄金的跳楼价走势。

沧州一位钢材老板在北京生意经营得有声有色，但不知从何时起，开始迷恋上期货交易，而且完全是一种不务正业的胡乱投机。2013年橡胶的一个跌停板将他的上亿资金直接吞掉一半，并牢牢地封在账户里动弹不得。次日，橡胶再跳3%以上，上亿的资金只剩下不足两千万。巨额的财富经不住两夜的期货考验，更经不住期货考验的是他那颗脆弱的心，经过反复思想斗争之后，终于以飞身跳楼来了结自己的一生。在西三旗某处大厦下留下一摊永久的记忆后，也深深地刺痛了京城钢材贸易商的心。

如此结局在令人心寒之余，又十分耐人寻味。期货交易实在经不起丝毫的鲁莽和草率，交易者的行为正确与否直接关系到财产的得失与生命的安全。

"珍爱生命，远离期货。"如此总结似乎有点过于偏激，但对某些人来讲，确实一点都不为过，这个市场不欢迎玩命之徒，否则结局将会很惨。

沧州钢贸商老板于橡胶黎明前的黑夜中没能熬得过来，做出如此惊天动地的举动，也引起了我对橡胶的密切关注。

交易者需要基于现实来客观地看待世界，并力求始终站在市场正确的一面。一定要极力寻找用你自己的方式能看得懂的行情机会，否则任何的削足适履带来的都将是惨剧。期货交易经不起几次重仓尝试，任何一次的意外都将让你遍体鳞伤。

交易期货更多的时候考察的是你的忍耐力，而不是你的专业知识！

就在橡胶临近最后的疯狂、黎明前的黑暗里，不慎令沧州钢贸商夭折之后，我将注意力也转移到橡胶。

遗憾的是，橡胶当时的行情确实不适合参与，哪怕是尝试都有很高的风险。我只得耐着性子等待机会出现。我对橡胶这类波动特别活跃的品种一向谨慎度很高，没有较高的把握，轻易不去参与；即便有再高的把握，我也只会考虑很轻的仓位来参与。这也是我根据品种波动性制定的一项严格的资金管理策略，以免遭受极度活跃品种的戏谑。

时隔不久，橡胶走出了我自感比较理想的走势特征，一个典型的头肩底形态即将成型之际，我的多头仓位适时地跟进来。

橡胶的走势总是那么的激动人心，短短数日之后，已经为我带来大幅的账面利润。

就在橡胶涨势正酣之际，我却不得不考虑将其撤出，原因在于我今年的主力重仓资金置于小麦上，此时正值小麦的一个回调走势；在巨大的盈利基础上，我预期着豆油即将迎来消费季节的行情，于是又买进了不少豆油，可是豆油买进就出现了回撤，正在煎熬和考验着我的耐心。

第六部分
2013年，运筹帷幄，得失权衡皆在个人

一鸟在手，胜过双鸟在林。

无奈之下，我只得将橡胶撤出，降低系统风险，以防不测。不久，豆油也无奈地撤出我的交易计划，给我带来了年度最大的资金回撤。

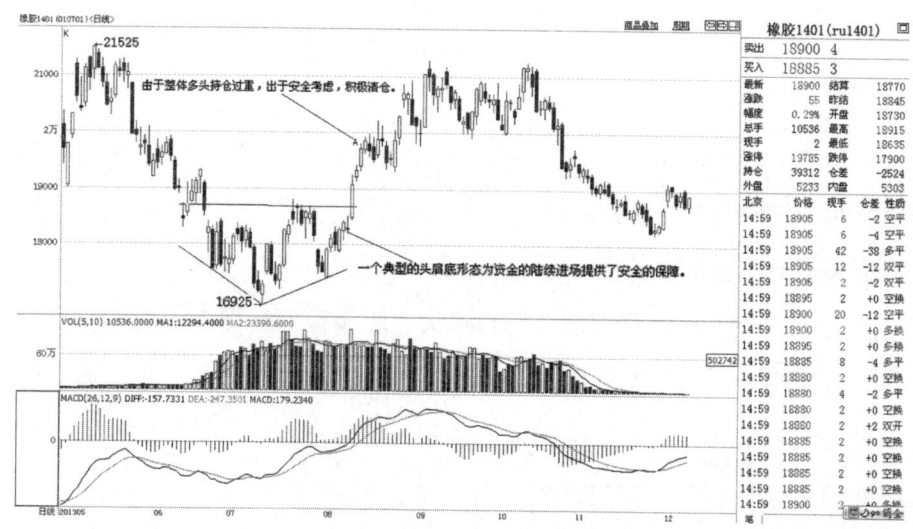

图31. 橡胶1401合约走势图

由图31可见，在橡胶合约形态出现一个比较漂亮的头肩底形态之际，我积极参与买进部分橡胶，几天之后快速撤出，成功获得了这波橡胶上涨的大部分行情机会。对待半程行情胜利心态也有所改观。

以前，对获得半程行情收获，我总是感到很遗憾，毕竟自己辛苦研究良久的行情机会，却早早地退出，机会总是从身边不经意间溜走。橡胶这一战尽管同样只获得了一段很小的半程行情，但无论从总体资金策略的角度，还是从橡胶品种的交易习惯来看，我都获得了巨大的胜利。

交易者的经验可以转化为稳定收益之源，更深层次的收获需要交易者动态地跟踪市场与不断提升自身的交易素质。但我对橡胶现货理解甚少，跟踪这个品种现货目前还没有列入我的交易计划重心。

交易者需要培养专业的交易习惯和职业化的交易态度，对待胜败的交

易要有理性客观的认识,才有助于交易的进步。"赔小钱、赚大钱"是这个交易游戏的制胜根本。

可控的赔钱也是一种胜利,不可控的盈利也是一种失败。

那些板上的事

期货市场上的涨停板、跌停板设置是交易所风险防范的一大措施,经过多年的市场运作和逐步完善,已经日渐成熟,着实为期货市场的稳定发展起到了不可忽视的作用。

然而,行情的爆发未必会因涨停板和跌停板而受到多大的约束。受供需关系突变、政策制度巨变、突发事件的影响,再融聚无数交易者的恐慌与兴奋情绪,时不时会有很极端的行情出现,涨停板、跌停板有时候并无法阻止行情的持续发酵。

2008年受美国次贷危机的影响,几乎所有品种均向下共振,下跌势头之猛烈让人难以预料。我同学和一位师兄为国内一家大型粮食贸易企业执行套保策略,面对行市的回落,该单位预算出几十个亿的资金在豆油市场上做套保,以规避即将到来的系统性风险。

就在他们的套保头寸刚建立完没多久,雷曼兄弟的破产引爆了整个市场,行情有如瀑布一般一泻千里,豆油更是连续封停跌停板,而且很少有买家敢接盘,流动性几乎彻底消失。

豆油连续封停三个跌停板时,那几十个亿的资金已经翻倍而上。显然,如此巨额的利润,如此快捷地到来,无疑会引起单位其他部门同仁的羡慕。据说他们的财务老总也想调岗到期货部来。

在他们为快速到来的财富而兴奋之际,不知又有多少悲壮惨烈的故事在这个市场上发生。

封在涨跌停板无疑是这个市场财富重新配置最便捷、最有效的方式,

第六部分
2013年，运筹帷幄，得失权衡皆在个人

给予正确最大的奖励与对犯错者给予最严厉的惩罚同步实现，市场异常的公平。

我曾大胆在跌停板反手接进多头白糖，并实现瞬间翻倍收益，现在回想起来，那是多么恐怖的事，一旦失手可能满盘皆输。

涨势不言顶，跌势不言底。那些板上的事，都是多空力量和情绪极端化的产物。要想不被一两次意外致残，我建议交易者千万不要让自己的持仓被反向封在板上。

早在2010年，我的客户曾大胆卖空已经封停在涨停板的PTA，结果行情完全失控，五个涨停板之后，已经全军覆没。

2013年黄金下跌之前，曾有经营金店的客户看好后市行情，认为黄金后市会上涨，大胆放大杠杆在期货公司买进黄金，刚刚买进的黄金遭遇外盘周末的暴跌，周一直接被封停在跌停板，周二又被封于跌停板不动，后来被期货公司捕捉到短暂的开板机会快速强平，遗憾的是所有资金已经全军覆没，从其开户入市交易到被清理出场，前后也就一个星期的时间。

封死涨跌停板无疑是期货这一金融工具发挥价值最有效的方式，一夜暴富让无数交易者激情愤慨，更将其带上重仓参赌的舞台；一夜暴亏让无数交易者身家迅速缩水，甚至被逼走上不归路。

人生百年苦短，时光转瞬即逝，有待我们好好珍惜。

第二十七章 审视视线盲区，重新思考新品种交易机会

> 交易员最重要的素质，就是肯改变自己，否则你没有任何成功的机会。
>
> ——艾迪·塞柯塔（美国期货投资者）

近两年来，期货市场异常活跃，扩容加速，不断有新品种上线交易，菜粕便是其中之一。

菜粕合约正式交易已经半年多时间，但我对新品种的关注度明显欠缺，一来本人身在北方，对南方菜粕生产周期变化以及上下游供需关系变化一无所知，这种现货背景的制约让菜粕变得比较生疏；二来新品种上市一年之内很难进入我的交易范畴。

通常，新品种上线交易，很长一段时间内，走势都很难形成较为完整的技术图形，这种不够完善的走势让人感觉缺少了一些参与的参考标准，增强的只有不确定性。稍微活跃一些的新品种更是带来了巨大的忽上忽下的飘逸行情，大幅度的洗盘手法更让人很难适应其变化。因此，新品种上线短期内通常不会进入我的视线。

新品种在具备诸多不确定性特性的同时，也并非一无是处。

每个新品种上线交易，都将带来该品种交易范畴的一个拓展，这种市

第六部分
2013年，运筹帷幄，得失权衡皆在个人

场价格空间的拓展有时会来得异常迅猛，甚至出现非常极端的单边行情，如若能从中稍稍截取部分行情，收益也将相当不菲。

菜粕1309合约的走势已经用不争的事实证明，它无疑是2013年度期货市场最为耀眼的明星，但这却是我的视线盲区，我根本无机会目睹这样的机会。

一个很偶然的机会，菜粕成了我身边朋友们谈论的焦点，此时的菜粕1309合约行情已经直逼3000整数大关，公司里面从分析师到市场人员都在嘀嘀咕咕议论着南方极端的天气对菜粕行情的影响，关注着菜粕行情如何冲击3000这一整数关隘。

闻讯赶忙搜寻菜粕的情况，一道美妙的弧线飘扬而上，几近上天的菜粕行情显然已经不再具有继续追加买进的价值。菜粕自此进入了我的交易品种池，我只能静静地等待出现更好的交易机会。

任何期货行情的发展通常都不会一次到位，第一次出现的顶部很难成为真正的顶，第一次出现的底部也很难成为真正的底。当菜粕出现一次较深幅度的回撤之后，我耐心等待着这一回调的结束。

期货行情的爆发与趋势运行方向的转变，通常会有一个关键的时间节点。临近国庆之际，期货公司保证金的调整变动无疑是一个很关键的时间点。保证金的上调让无数的散户交易者捉襟见肘，机构资金稍一发力，都将引导行情的爆发。

就在国庆长假之前数日，期货公司保证金上调马上带动了菜粕行情的爆发。或许这正是我久久等待的良机，就在菜粕刚有抬升迹象之际，我及时参与进来买进相应的菜粕持仓。

伴随着菜粕节前的快速拉升，也为规避国庆长假带来不必要的风险，我于国庆前将所有菜粕持仓全部了结。至此，一波快速上扬的机会已全揽入怀。

行情盛极必衰,菜粕的上涨动能已经被持续地透支,我更多的在等待着它回落的机会。国庆之后,菜粕出现回落迹象的第一时间,我的空头预算积极到位。

我已错过了上涨机会,下跌机会不容再失。

人的认识始终存在着巨大的局限性,更多的人习惯于按照自己的思维习惯来处理问题,因此会形成一种不良的定势思维。交易者的思维习惯极可能会影响到交易业绩,甚至让其丧失一些更加安全的机会。我习惯性地将所有新上市品种拒之门外,结果没有机会注意到菜粕的这波上涨机会。

图32 菜粕1401走势图

打破思维定式,合乎逻辑的行动更有助于交易的成功。

近年来,随着期货市场的蓬勃发展,各大机构纷纷推出一些程序化的交易系统,以便让对期货一窍不通的土豪们有机会在这个市场上延长"寿命"。越来越多的资金参与程序化交易,使得一些成熟品种的走势更加规范化,逢支撑压力位必调整,同时也减弱了这些成熟品种爆发极端行情的概率。

适当地关注一些新上市品种,更有利于我们捕捉到规模体系较大的行情机会。

第六部分
2013年，运筹帷幄，得失权衡皆在个人

有关风险的思索

风险与收益相生相伴，但风险与收益之间是否存在着必定的对等关系，很值得交易者深刻反思，尤其是在期货交易中的风险与收益之间是否存在着某种关联性？

1. 高收益必须要有高风险？

通常来讲，高收益必将伴随有高风险，二者有如孪生兄弟，相伴而生。但现实生活中，也存在很多高收益但风险很低的机会，甚至有人在不断琢磨和发掘这些机会。期货交易中的高收益与高风险之间的关联性更显弱化。真正能够实现的高收益往往伴随着很低的风险，高收益永远不是由高风险带来的，所有投资者都会极力规避风险，追求收益。

2. 经验能极大地降低风险。

来自索罗斯大师的经验：在金融市场上，生存有时候意味着及时撤退。

期货交易是一个异常残酷的事业，在你积累起必要的知识和经验之前，一切的行为都将具有高风险性质。侥幸的一两次获利并不代表你的风险控制能力有多强，持续稳定的获利才能体现你的风控能力。没有经验"裸奔"于期货市场无疑是一种十分危险的游戏，其危险程度远高于其他所有我们可知的高风险职业。

所有交易成功者都会经历一连串的风险事件洗礼，才会逐步提升自己的风险意识，进而有效地控制风险。

3. 高收益是否伴有低风险特征？

期货交易捕捉的永远是极其不确定的机会，数倍的杠杆若能稍有作用发挥，即可让参与者获得极大的利益。具有多年稳定操作经验的投资者，在期货市场将有机会以极低风险博取较高收益。

巴菲特经验告诉你，如果证券的价格只是他们真正价值的一个零头，那购买它们将毫无风险。

4. 所有风险都可以管理。

有的交易者借助分散化来有效管理风险。但同时过度分散化则更显示交易者对投资目标的了解不足，对风险的严重畏惧。适度分散化无疑是一种既可化解系统的风险，又有助于深入了解品种的策略。

有的交易者期望借助锁定熟悉的领域来降低风险，但再熟悉的领域也无法规避期货交易中的不确定性。长期成功的交易者很少出自交易单一品种的事实似乎证明着一些问题。

有的交易者积极管理风险，对交易对象保持密切关注、动态跟踪，以期了解交易对象的方方面面，这种积极的做法无疑会增加更多的获胜机会。

情绪化是风险爆发的助推剂，所有交易者都无法承担情绪化带来的交易亏损。不成熟的交易者总是被情绪化所缠绕，难得脱身。情绪化会时不时地侵扰交易者，干扰正常的交易计划。

忆古思今，它山之石可以攻玉。在这方面，我们可以借鉴那些大师的风险管理经验。

索罗斯风险管理经验：

1. 冒险不算什么。

2. 在冒险的时候，不要拿全部家当下注！

3. 做好及时撤退的准备。

索罗斯管理的量子基金运作之成就众所周知，然而1987年索罗斯看好日本股市即将崩溃，于是在东京大肆做空股票，同时在纽约买入标准普尔期指合约，准备大赚一笔。

"黑色星期一"于1987年10月19日的突袭打破了索罗斯的美梦。

道琼斯指数创纪录地下跌22.6%，造成史无前例的历史最大单日跌幅，同时日本政府强势支撑住东京市场，索罗斯面临双线溃败。

压力之下，大师的做法自然彰显大师的素质。

第六部分
2013年，运筹帷幄，得失权衡皆在个人

索罗斯没有犹豫、没有迟疑，严格遵循既定的及时撤退计划，他开始全线撤出。他报价230点出售5000份股指合约，但没有买家。在220、215、205、200点同样无人问津。最后他在195-210之间成功抛出。更具讽刺意味的是，卖压随着他的撤退而消失，该日期指报收244.5点。

此役索罗斯赔尽了全年的盈利，但他并未因此而烦恼。他已经及时承认了自己的错误，承认了自己对形势的判断有误，而且就像在犯其他任何错一样，他严格坚持自己的风控原则。此次唯一不同之处在于头寸规模与流动性差异史无前例。

第二十八章　完美形态，宜将剩勇追穷寇

我们之所以能够获利，是因为我们在进场之前已经耐心地做了很多工作。很多人一旦获利之后，他们就会对交易掉以轻心，操作就开始频繁起来，接下来的几笔亏损会让他们无法应付而导致庞大的亏损，甚至老本都亏回去。

——汤姆·包得文

成功路上没有捷径。多年的操作摸索之后，我终于在小麦和螺纹上获得了较大的成功，这种成功不是因为我竭尽全力去盯盘操作，而是因为我在这两个市场上的深入调查了解，实实在在地深入产业去了解这个行业的动态。

为了做好交易，我一直在学习并操作着，但对现货行业的学习显然还显轻薄，毕竟我不从事现货经营，对现货产业的很多环节都无从了解到，

但当你努力深入现货环节的时候，抱着一种学习的态度去掌握这个行业，你将会有意想不到的收获。

所有的成规模行情爆发都不是无源之水、无本之木，大行情的爆发一定要由现货供求关系的极度不平衡来决定。离开不平衡的供求关系，仅仅靠期货市场的游资，只能给这个市场制造很小的起伏，绝不会爆发成规模的大行情。

目前期货市场品种不断丰富，为我们接触了解自己相对容易了解到的品种提供了方便，也为我们更多的交易者参与期货交易提供了便利条件。

每一个新品种上市之后，行情都会有一个拓展市场空间的过程，如果此时能得到现货面的支撑，将会更加有所作为。

此时，我的目光再度转向一颗期货市场的"新星"——焦煤期货。

亲自去了解焦煤产业，我具有一定的优势，生于山西，长于山西，那里我能找到无数条通道走向焦煤。就在焦煤行情形成一种焦灼走势之际，我深入山西焦煤那片人迹稀少、鸟不拉屎的煤厂去找寻焦煤的运行规律。这个行业不同于小麦与钢材，深入企业调查需要一定的魄力和胆量，幸好有熟人相伴，安全性才能有所保障。

此时，多数煤厂的焦煤已经明显滞销，供过于求已属不争的事实，但焦煤期货属于2013年新上市品种，定价权还没有发挥到极致。很多焦煤生产老板对焦煤期货仍旧一知半解，甚至根本没心思去了解这个略显生疏的关联品。但实际情况是只要被期货所牵连，现货产业从业者想不了解期货已经无异于掩耳盗铃。

已经显著滞销的焦煤，能给煤老板带来一线期望的就是马上面临天气转冷，冬季的常规需求季节会对行情有所带动。与此同时，我在焦煤期货上看到的，又是一个似曾相识的经典形态——钻石顶。

此若是顶，必将非同一般，如果是上涨的中继调整，那么这个形态之

第六部分
2013年，运筹帷幄，得失权衡皆在个人

后必将累积大量的上涨动能，行情后市将会大幅上扬。但供需关系的失衡已经不再支撑这个特例情况，这是一个经典的钻石顶形态，那么后市一旦破位，将势如破竹形成一波瀑布一般的下挫走势。

科学与预测永远是两码事，行情没走出来之前，一切科学的技术形态都是一种预测的工具。不下注永远不知输赢，我在等待着行情出现更安全的进场机会。同时我也给出了我个人的建议，让这些对焦煤期货尚不熟悉的老乡老板们适当地在期货上等待卖出套保的机会，不要对后市的传统需求旺季抱有太大期望，毕竟供求形势已经相当恶化。我的建议遭来的是大部分的反对意见，又有几位老板愿意在传统的销售旺季做空套保呢？

就在这个焦煤期货行情处于横向无序振荡的时期，一位从事焦煤生产的朋友更是很坚定地断言，焦煤行情绝对不会跌下去的，这个时期从来都不会跌，所有人都会一致看涨。

任何的反季节行情，对现货从业者来说，都是一种灾难，期货金融属性的发挥，无疑是对这种反季节灾难火上浇油。

在投机操作中，对任何事你都不能绝对肯定。我无力反驳朋友的观点，但我还得保持我个人的意见。

当焦煤期货出现技术上的多重共振，现货上的供需关系支持时，我对这一新品种规划了明确的交易标准。

人类的天生欲望就是完全正确，如此多的看空信号下，若退回几年前，我早已重仓突击而上，但这已经不属于我现在的交易风格，不知从何时起，一些交易习惯已经全然改变。

一次性到位的都是英雄，带来更多的只有赔钱，赚钱永远是个精细活儿，需要慢慢来。我可不想总当英雄，在一跃而入之前，我们有必要先试试水。在钻石形态已近尾声之际，我尝试性地卖空一部分，行情逐步印证着我的判断，我的仓位也分批分价地陆续进场。

图 33　焦煤 1405 合约走势图

由图 33 可见，焦煤市场出现罕见的钻石顶形态，与此同时我正亲历焦煤现货的产销状况，多重因素均出现做空的信号，我没再浪费这次难得的机会，适当的时机，空头头寸分批分步逐步布局到位。焦煤的走势用不争的事实反驳着煤厂老板旺季不跌的谬论。

规避风险是投资者财富积累的基础！

理性的交易手法更容易带来交易的胜利，在一个正确的方向上适度地做累加，比一次性到位或者在错误方向上均摊成本，更容易让你走向成功。只有循序地顺势交易才是期货交易的王道。

期货交易的成功，需要交易者择时机、择品种。时机不成熟，任何行动都是盲动，要么付出高额的学费，要么承受巨大的压力折磨。品种不合适，无异于盲目博傻。

可控的交易需要参与者随着交易的进展程度而不断变化交易规模。不重仓不足以赚钱，重仓必将带来资金的巨幅波动，你是否能够承受得起。在交易损失时，适当减仓，略作调整，留得青山在，不怕没柴烧，不失为一种以退为进的良策。在交易增值时，适度加仓，宜将剩勇追穷寇，不断扩大战果，将是赢取暴利的良机。资金仓位的管理好坏直接关系着交易的

第六部分
2013年，运筹帷幄，得失权衡皆在个人

成败。

期货交易中有很多的侥幸获胜，但一连串的侥幸似乎会有非同寻常的意义。

历经多年市场磨炼之后，我在期货公司的经纪业务也该告一段落。数年的经纪业务让我认识了期货市场上形形色色的人物，经历了各式各样的操作手法，但这个市场上没有新鲜事，赢家兴奋，亏家郁闷，"剩者为王"。

这段经历为我摆脱了闭门造车的交易误区，也为我节省了大量的学费，但时至今日，经纪业务已经不再对我发挥太大的正能量，而是时不时地影响我的交易，时不时地打断我的交易注意力。有所选择，有所放弃，全力以赴地交易，集中精力去研究品种市场，才是交易的王道。

期货交易赚钱未必会冒大风险，交易者应集中精力去搜寻有把握的机会，市场才会对你有所眷顾。

判别行情大顶、大底的经验之谈

资本市场行情走势跟现货市场差异比较大，究其根源在于金融属性的外在表现通常具有极度疯狂性。在这个资金主导趋向的舞台上，投资者的心理变化异常诡异，追涨杀跌乃属常态，正是众多的投资者不计成本地积极捧高压低，造成了行情的极度疯癫。

多年的交易经历告诉我，当行情顺势上涨良久之后，再度出现加速上涨，一般会是行情即将见顶的征兆，如果伴随有日内成交量的迅速扩张（这个扩张程度大的有可能膨胀到正常交易日的三四倍），这一信号的准确性将更加提高。当行情长时间延续下跌行情之后，再度出现加速下滑过程，通常会加速带来行情的大型底部，成交量的扩张无疑也是底部到来的有力印证。流动性较强的明星品种的主力合约这一特征将更加明显。

K线图本是日本米市交易的一大记录性发明，特定历史环境下，日本人对K线图赋予了各种富有时代色彩的称谓，如三个小红兵、垂头、乌云盖顶、钳子底等富有农事战术色彩的说法。单纯地分析K线，其准确性确实容易招来较大的争议，预测能力就更欠科学性。

当一些K线形态出现于某些关键位置时，其实用价值还是比较可靠的。多头趋势多数结束于疯狂上涨之后，空头趋势多数了结于狂泻之后，在这些关键性反转时机，屡屡出现一些经典的K线反转形态。

第一种是衰竭缺口，价格延续之前的趋势出现较为明显的跳跃性表现，留下一片价格空白区域，给拿错方向的投资者以致命一击，重仓交易者更是直接招致灭顶之灾。紧随其后便出现趋势180度转向。尽管只有事后方可直到这是真正的衰竭缺口，但紧随其后出现的趋势反转将给趋势交易者以足够的建仓提示。

第二种是穗形，某交易日出现的高点显著地高于前后连续数日的高点，即为穗形高点。某交易日出现的低点显著地低于前后连续多日的低点，即为穗形低点。

穗形高点通常的意义包括如下几个方面：

1. 穗形高点和前后连续数天的高点存在很大的不同，短暂留痕的高点显示多头集团已经不再那么团结一致；

2. 收盘价接近于当日交易范围内的最低价，留下长长的上影线，彰显该日资金争斗之激烈程度，多头明显处于劣势；

3. 穗形形成之前要有大幅度的价格上涨，只有在多头力量长驱直入之后出现这一形态才更显其价值。

穗形低点与穗形高点的意义恰恰相反。

这些特征的出现，将为行情主要或者相对高点、低点的成型可能性大增。

如图6所示，2009年国庆前夕的豆粕市场，曾出现过一个显著的底部穗形低点，其后行情稍有反复，但始终未能再度向下突破这一低点，国庆

第六部分
2013年，运筹帷幄，得失权衡皆在个人

刚过更是连续出现跳空上扬的缺口，已经足以显示底部结构的成型，而我却只见价不见势，频繁地来回倒腾，并作出了极度愚蠢的行为——逆势做空累加仓位，最终这波上扬走势让我损失惨重。

第三种是宽幅振荡反转日，某一日的行情运动不但幅度巨大，而且完全逆着之前的大势方向而行，这种一日确认的信号无疑是行情转势的严重警告信号，趋势的反转尽在眼前。

如图5所示，早在2009年，螺纹钢以一个衰竭缺口之后的宽幅振荡反转形态结束其上涨趋势，不幸的是，我朋友被逼到制高点止损出局；我则侥幸扛回来，并随后果断追加仓位，也赢得了当年最大的一笔收益。

当行情经历长期的大幅上扬或者大幅下挫之后，不经意间这类形态的出现是否会给予我们足够的警示，很是值得投机者仔细琢磨。多头行情多数灭亡于极度亢奋之下，空头行情则多数终结于极度抑郁之中，正可谓"盛极必衰、否极泰来"，这种物极势头是否值得投机者降低甚至出清已有获利仓位，落袋为安？而这种必反预言，是否值得投机者积极入市，盖其帽、抄其底，更是有待投机者细细商榷考量。

长期的趋势发酵之后再度出现的加速，对我而言无疑是减仓甚至出清的良机，至少我们可以获得一个相对理想的收益值，甚至屡屡出仓于行情的相对顶点和底点。但是反转方向风险确实很大，不属于我能承受的范畴，我也不再敢侥幸为之，毕竟多年来我在这个上面屡受伤害，是该长点记性的时候了。

多数能量类指标均会显示行情的顶部底部背离形态，这种背离的含意无疑是在指示投机者积极逆势而为，尽管有时候背离确实参考价值极高，但毕竟这样的参与方式是在逆势而行，控制不好将会造成极大的损害，因此这种机会是否值得投机者去积极把握，需要投机者结合切身经验量力而为。

诸多的顶部和底部会同时出现如上所述的一些综合特征，当这些特征

共聚于某个品种或某个极其短暂的阶段时,我们可称之为多重指标的技术共振。这种共振局面的出现,并非常见,但若出现,其参与的安全系数无疑将会大增。此时的等待也将显示投机者的一种素质能力。

第二十九章 抢跑事件,壮士断腕无大碍

"如果投机家有50%的选择是正确的,那他就是很幸运了。假如他意识到自己的错误,并能及时止损的话,即使只有30%——40%的选择是正确的,他也有机会给自己创造足够的财富。"

——伯纳德·巴伦奇

赌博与投资之间的那条线是人为设定的,并且异常细,即便最稳健的投资也有一定的赌博性质,而最胆大妄为的投机也具有明显的投资特点。

在期货交易中捕头捉尾无疑是最不明智的交易策略,但事实上,多数交易者都会去捕捉这个世界上最昂贵的头和尾,即便是具有多年交易经验的交易者也不例外。

从鱼头吃到鱼尾,这是一个多么理想的交易结局,但在期货市场这么多的鱼头鱼尾中,能通吃下来的寥寥无几,更多的交易者为了捕捉这个头或尾而付出了惨重的代价。

2013年我付出的一笔最昂贵的学费当属抄底豆油。

多年以来,我已经习惯于对自己比较看好的交易品种适度地进行一些反向抄底盖帽的尝试。总的来讲,盈亏效果不分伯仲,但一旦成功,将有

第六部分
2013年，运筹帷幄，得失权衡皆在个人

机会获得一种奇妙的成就感。万一失败，也不会造成太大亏损。这种对品种的反向预算，已经成为我的一种交易习惯。

在上半年的多个品种获利和小麦带来了巨大账面增值之后，我适度地放大自己的持仓。在这种大幅盈利保护之下，赌性大增。

豆油从盘面信息来看，即将面临上扬走势，技术上支持及时买进，同时即将进入冬季消费旺季，多重因素共同指向了上涨方向。但遗憾的是，我在资金管理上犯了显著的错误。因为有巨大的账面利润保障，我期望放大杠杆以博取更高收益。

在期货交易上，赚钱始终是个慢活儿，赔钱总是一次到位。技术分析的艺术性更是远强于科学性。

就在我的买进仓位全部到位之后，豆油行情出现快速回撤，很快击穿了我预设的止损线。按照通常的做法，我应该会毫不犹豫地果断止损出局。但此时由于仓位较重，实在有点不忍心，于是豆油成了我近期的一大心病。资金头寸问题成了影响我交易情绪的关键因素。

更要紧的是，我持有的小麦仓位也出现回调走势。因此，整体资金已经近乎将今年所有利润回吐。这是我今年很少出现的一个交易现象，这也是我今年寝食难安的一段时间，再度陷入彻夜难眠的不安状态。

丢车保帅，无疑是此时此刻我力所能及的要事。本来在交易之前已经预算好的退出点，现在已经没有任何参考价值，豆油行情在继续回撤。万般无奈，也出于对整体资金的安全考虑，我没能出在第一警示时间，也得及时撤出。就在我撤出豆油持仓之后，明显感觉自己的压力减少了很多。

纸上富贵一场梦。近半年的努力几乎因我的一时贪念而毁于一旦。我在资金管理上犯下了严重的错误，但同时也揭露出我的交易手法还有待改进的一些细节问题。我还在尝试捕捉期货市场上的头和尾，以满足自己的某种成就感。

图 34 豆油 1401 合约走势图

由图 34 可见，豆油是我 2013 年度最大的伤痛，本来分析到了大的趋势走向，但由于重仓抄底，积极入市，造成利润巨大回吐，无奈之下，只得被迫斩仓于最低位。此役让我对反向建仓有了更深刻的理解。

资金安全始终是交易者的第一要务，每位交易者都需要学会对自己每一笔交易负责。但我不时出现的反向建仓预算，尽管借助参与量小而侥幸没受大的伤害，但这一策略无疑在拖累着我的交易进度。

有时候，我的持仓不符合我的预期价格模式，而是背道而驰，尽管这对我很难造成重大伤害，但我依旧试图靠建仓来维持这种策略，并期待着行情的爆发。我在错误的策略上不断尝试，总归会出现偶尔的麻痹大意，造成不可估量的损失。豆油此役之后的交易中，我彻底取消了任何一手反向开仓。对不符合自己预期，或者走势不太理想的行情，坚决撤出所有持仓，免得遭受不测风险。

任何趋势的形成、发展、结束，有如一列高速行驶的列车，交易者没有必要担心它会不刹车而马上转向。等待良机无疑是投资者一种更高层次的素质。任何时候,清醒独立的思考是交易者生存的立命之本。

我在豆油上还没等到行情信号完全出现,就一股脑儿地全力抢跑,结果适得其反,将我累积很久的收益快速吞回很多。结果我撤出之后,几乎豆油行情已经见底,又一次惨遭市场戏谑。

豆油一役之后,我只得让自己静下心来,好好反思其中的问题,也适当地给自己一个调休的机会。

无论你拿多少仓位,哪怕是一手合约,实施抄底盖帽的做法也是不合理的。

第三十章　盘整市道,游击式出击制胜

> 虽然猎豹是世界上最快的动物,可以在平原上抓住任何动物,但它也会等待,直到绝对肯定它可以抓住猎物。它可能在灌木丛中隐藏一个星期,就为了等待恰当的时机。它会等待一只幼羚羊,不是任何一只幼羚羊,而且最好是一只体弱或是病残的。只有在那时,在几乎不可能错失猎物时,它才会攻击。这,对我来说,是职业交易的缩影。
>
> ——迈克·温斯坦(美国著名期货交易员)

期货交易的制胜之道,在于顺势而为,收益的实现需要有行情的配合,巧妇难为无米之炊,没有行情的不断发酵,再强的交易水平也很难从中获利。

期货市场无疑是测试个人心理障碍最好的练兵场,越是有难度的事,越是有人乐此不疲地参与着。面对行情的来回拉锯,很多投资者却始终不肯接受教训，其固执程度实在令人吃惊。

多数有经验的交易者，都会极力去找寻具有方向趋势的品种去参与，盘整市道无疑是给自己放假休息的最佳良机。但这个市场有时候会长期处于一种无序的盘整市道，甚至有人统计得出，期货市场行情处于盘整期间的时间远大于有趋势时间。

交易者在事先很难区分得出盘整市道与趋势市场，因此多数交易者即便在盘整市道中，也会按照趋势市场来考虑，继而执行自己的趋势交易策略，这显然会直接影响到交易的效果。

面对市场的不确定性，按照既定计划不断尝试并无过错，一味地等待未必效果会更好。

希望会把机会放走，犹豫容易带来亏损。

永远生活在希望中的交易者，总期待着属于自己的机会，结果与很多机会都失之交臂。

随着操作经验的增加，我已经很少在市场上重仓去博取短期价差，同时也很少会在同一个点位重仓去搏击。

面对无序的盘整市道，我早已习惯了轻仓逐步滚动去参与交易，游击式地博取一些微薄的利润。

早在2011年上半年，当日本"311"地震爆发之后，螺纹钢市场受到巨大的冲击，完全改变了之前的下跌趋势。短期内我根本无法判断螺纹会走向何方，但出于服务现货商的角度考虑，我始终保留一部分仓位在螺纹市场上，以执行的无序应对市场的无序，零零散散地跟市场打起了游击战。尽管已经减少了部分仓位，但螺纹依旧占据着相当的仓位比重。面对长达半年之久的无序盘整，由于我的下单操作策略比较零散，并没有造成资金上的亏损，但也没有给我带来多大收益，相比于同期其他方方面面的品种，我的机会成本相当大。同时这也影响到了我当年的总体收益。

第六部分
2013年，运筹帷幄，得失权衡皆在个人

单纯地为便于指导客户，我在明知无序的行情走势中，不断消耗着自己的宝贵时间，也浪费了很多的趋势机会。这一做法显然得不偿失，但我并没有意识到这个问题的严重性。

为了提高资金的利用率，我期望把备用资金投向一些波动较小，风险系数较低的品种上，于是2013年初的计划中，我将玉米列为我的备用资金投资方向。

明知行情不够明朗，却偏偏期望将资金投入进去，于是一种新的交易方式产生：轻仓滚动交易。

零散地买进卖出，行情波动十分无序，我的操作更加无序，在玉米这块不起眼的地里，我打起了游击战。零散下单后稍有盈利，马上撤离；面对浮亏，可以置之不理。

如果单从理性交易的角度来看，这一交易策略显然无比成熟，这样的市道根本对我的资金无可奈何。如果从投资的角度来看，显然这是最不可取的策略，明知行情无序，却偏偏要执着地参与交易，风险永远大于收益，又何必要考虑参与？

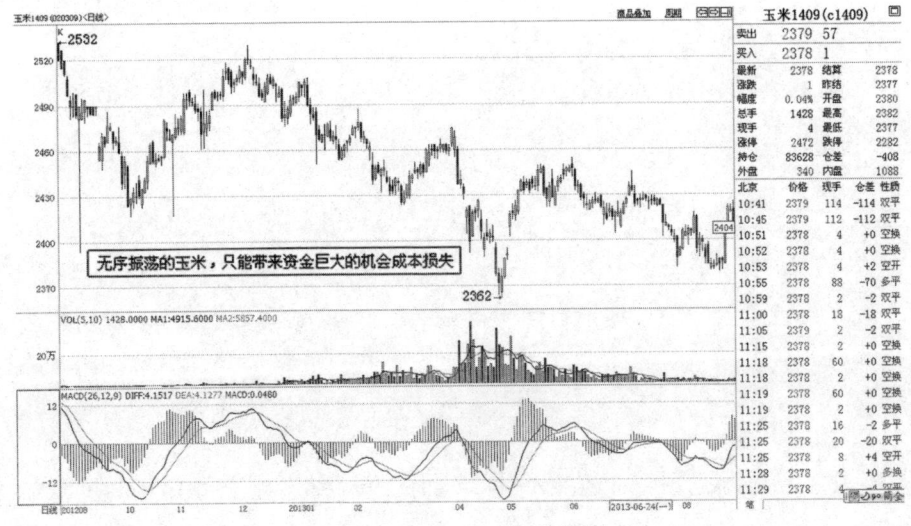

图35　玉米2013年走势图

由图 35 可见，与无序走动的玉米行情打游击战长达近 9 个月，取得微薄收益的同时消耗了我宝贵的时间、精力，更浪费了很多更安全的机会，更大的损失在机会成本上。

期货交易犹如战斗，不进则退，最强的防御永远是把握最好的机会进攻。不合理的交易系统带来的永远是损失与巨大的风险。

在成功退出玉米市场之后，几经思量，越发感觉这一交易策略的问题重重。

等待是交易者的一个良好素质，等待正确的机会可以极大地增加成功的可能性。吉姆·罗杰斯在《市场高手》杂志采访中对做交易时的耐心做了更生动的描述："我只管等，直到有钱躺在墙角，我所要做的全部就是走过去把它捡起来。"

面对无序的市场波动，冷静等待无疑是交易者所能采取的最好交易策略，我也一直试图在无序的行情中博取一份收益，但无论怎么改变交易方式，始终未能获得理想的效果。

无奈之余，我曾多次反思多数交易者不断赔钱的一些核心问题，总体来看，无外乎如下三个：

第一，亏钱时死不服输，重仓去赌；稍有蝇头小利，跑得比兔子都快，十分谨慎；

第二，没有方向时大胆参与，有方向时异常谨慎；

第三，面对强势行情总想卖出，面对弱势行情总想买入；

交易者总会习惯性地给自己出难题。面对毫无方向的行情，总期望从中博取收益，面对方向明朗的机会，却又变得畏首畏尾，总担心行情会随时反转，甚至更有甚者，大胆反手，总想让自己成为英雄。

交易经验不是一个人经历了什么，而是一个人从既往经历过的事中学到的东西、悟出的道理、汲取的教训，没有感同身受，何来经验一说？

第六部分
2013年,运筹帷幄,得失权衡皆在个人

"没有经验做不得,经验主义要不得。"期货交易就是这么一个令人矛盾而又无奈的行当,经验弥补了交易者捕捉安全机会的能力,但经验不能包揽全局,即使有再丰富的经验,也难免有失手的时刻。

凡夫俗子中的大彻大悟者,并非每次对行情的判断均准确无误,而是有一种越挫越勇、不服输、不断学习、不断反思的精神。机会永远只会眷顾这些有充分准备的人!

第三十一章 夜盘开闸,重塑交易规则

> 任何人在从事交易时,都会经历一段持续获利的大好光景,例如我能连续获利12天,可是最后我一定会感到很疲累,因此我会在连续盈利或者重大获利之后立即减量经营。遭逢亏损的原因通常都是获利了结之后却不收手。
>
> ——马蒂·舒华兹

成功的交易永远不是一蹴而就的,只有在交易者有意识地注意交易细节,并不断改进的基础上,才能逐步提高交易能力。

随着我国期货市场的发展,会不断涌现出一批久经磨砺的优秀交易员,时间是他们获得成功的最好见证,也是他们走向成功的最大挑战者。

期货交易承担着比常规事业更高的风险,稍有不慎即可满盘皆输。一夜破产在这个市场屡见不鲜,一夜爆发亦属常事。交易者意欲长久在这个市场生存下去,不断提高谨慎度,降低参与量,才是其唯一的出路,小心

驶得万年船,这个市场永远是剩者的王国。

判断行情大势永远是期货交易成功的关键,但对进出场时机的把握更能彰显专业交易者的素质能力。

期货交易需要交易者全力以赴地投入,包括自己的时间、精力、知识储备等各个方面,这是一个异常残酷的职业。期望在这个市场碰运气、撞大运的参与者,很少会受到运气的眷顾。

期货交易的风险来源有无数种,有时候明明趋势发展得特别顺利,但忽然之间就能出现大幅的逆转,让交易者措手不及。

黄金白银一直是国际期货市场上的贵族品种,长期受到大量投机资金的关注,行情波动异常迅猛。为了与国际市场接轨,期货夜盘在众望所归中粉墨登场,给国内无数投机者带来了更多的机会,尤其是黄金白银的产业资源更便于在内盘来规避风险。

但这样的品种如果有持仓而没有足够的时间保障去关注行情走势,后果将不堪设想。

夜盘开市之后,我曾屡次在黄金白银上有所尝试,但总体收效甚微。

一个人的精力是有限的,长时间的盯盘看盘已经让我感觉很疲惫,夜盘时间的盯盘更显得心有余而力不足。每每在夜市交易中不知不觉地入眠,让那些持仓随意摆动,犹如断了线的风筝,完全超出了我的控制范畴。

交易中出现的压力,是你要做错事的一个警示信号。尽管持仓很少,偶尔的剧烈波动完全可以将所持仓位全部吞掉,我不希望自己的任何一手持仓,会给自己带来超出预算的损失。

面对夜市交易机会,我屡次尝试之后,只得暂且让自己得到充分的休息调整,逐步寻找更适合自己的交易方法。

在期货交易中,一两次的成功可以侥幸获得,但一连串的成功绝非偶然!交易者需要努力让自己的交易摆脱无序的行情影响。

有关交易指导的那些事

期货交易的成功离不开个性化的交易策略,更离不开强有力的理解与执行能力。但偏偏这个市场上有那么一部分人,总期望着依靠他人的指导来盈利。

我在开展经纪业务的过程中,就曾屡次遇到这样的人。他们对交易一窍不通,完全依赖于你的指导进行交易。

期货交易是一个分析、执行、动态风控一体化的过程,需要很强的执行能力方可实现。

近年来,我从期货市场准确分析到的行情远远大于稍有偏差的看法,但这些正确的分析在客户看来永远是理所当然,稍有错误将会被永远铭记于心。尽管在指导过程中并不存在刻意的误导,但很少有人能将我的操作策略执行到位。即便是正确的分析指导,也可能造成客户的重大损失。

螺纹行情于2011年初,升至5000多的历史高位,我建议客户控制好仓位陆续卖空等待机会,我也积极地参与进来。这波行情我一直坚守到日本"311"大地震才减仓撤出,也算小有收获。遗憾的是,我的客户竟然满仓卖空,结果被逼在行情制高点砍仓而出。

豆粕行情于2012年爆发了史无前例的上涨走势,我于2011年底大致2700多就已经建议客户买进。此时倒是有客户配合比较默契,积极跟着买进,但行情才涨到2800多客户就觉得太高了,满意而退之后,更是积极卖出。结果豆粕最终冲上了4300多的历史高位。

即便是一个交易水平很高的交易者的建议,也可以导致极其有害的结果。如此看来,指导交易实在是一个出力不讨好的做法。或许正如巴菲特所言:"不要谈论你的持仓方向和任何持仓情况。"

后 记
POSTSCRIPT

博采众长，结构化产品策略完善中

> 四十年间画竹枝，
> 日间挥写夜里思，
> 冗繁削尽留清瘦，
> 画到生时是熟时。
>
> ——郑板桥

期货投资，众所公认其为高风险投资项目，并非每位参与者都能在期货交易上取得显著的成就。所有投资的成功都必须建立在交易者已有的知识和经验基础之上！没有做好充分的准备，贸然交易期货无疑是自找苦吃；没有交易经验，总期望着获取高额回报，必将给自己制造更多的麻烦。

期货交易的风险，无论如何强调都不为过，这并非危言耸听，无数惨剧的发生，不断印证着期货带来的危害。

跳楼；

离婚；

后 记

坐牢；

破产；

卡奴；

居无定所……

如上，你愿意选择哪种？

这些都是期货交易失败者活生生的真实惨状。自恃聪明，盲目出击，过高的期望，频繁的交易，让很多交易者深受期货之害。

断人财路，非我本意！有意参与期货交易的新手，在没有取得成功的交易记录之前，我个人的建议是尽可能地减少参与的资金，减少到你赔光所有参与资金都不至于影响到你的生活，这样也可以节省一笔不菲的学费。

交易者没有经过市场的磨炼，没有长期的交易经验积累，仅凭一厢情愿的纸上谈兵，很难取胜于期货市场。

天下万物皆有定时。期货行情并非天天有，意欲天天交易、天天保持明智的交易方式无异于挑战自己的情绪极限。资本市场上的无序忙碌只会让你的资金越忙越少。

期货投机，无疑是一桩异常艰苦的行当，投机者务必始终全身心地投入，否则，很快就会一败涂地。

一个人一生只做一件事，比三年做东、五年做西更容易成功。交易的成功离不开职业化的操盘，交易者需要全身心地投入交易，全职从事交易。在期货操盘这一行，没有任何捷径，如果你松懈懒散，市场马上就会发现，并会以迅雷不及掩耳之势对你做出最为严重的处罚。

成熟的交易策略一定要将交易者自己的个性融入交易之中，完全符合自己交易风格的策略才是成功的交易策略，舶来品永远不会带给交易者理想的效果，即便那是一个他人应用很成熟的策略。

任何大行情的爆发与持续发酵，并非源于人为操纵，也不是什么主力阴谋，而是取决于最基础的环境条件。无论遇到哪类级别的阻力，大行情将不可避免地必然按照其推动力量决定的幅度、速度和持续时间来展开。一切的成规模行情爆发离不开现货供需关系的显著失衡，交易者需要投入更多时间了解现货环节，这是长期成功必不可少的一步。

交易计划是交易中最为客观的一部分，但交易计划的执行却是一个极度主观性的环节，计划与执行的配合很难做到完全的默契，期货市场上存在过多的"计划的伟人，执行的侏儒"。永远有想法，但永远不去执行，天马行空、异想天开的思想层出不穷，但一到行动就会出岔子。

真正高明的职业赌徒并不是指望做长线赚大钱，而是指望赚有把握的钱。找寻符合自己操作习惯、操作策略的安全机会，是交易者取胜的关键所在。高明的赌博者会使他们的赌注保持平衡，倾全力于个别品种，必将受到无序行情的侵扰。只有不断完善结构化产品，完善交易者脑海里的期货圈地图，并且使其更加接近于实际，交易方可变得更加平衡。

聪明的交易者会寻找反复成功和反复失败的模式，从中总结交易的成败经验与教训，不断地完善自己的交易策略和技能，使得交易策略达到最佳水平远胜于赚钱，并从中总结安全的交易模式。

期货交易以无比客观现实的业绩曲线考核着交易者的综合能力，成者为王，败者为寇，巨大的业绩压力无比苛刻地刺激着交易者的情绪。但所有成功的交易者都已经丧失了输赢的阵痛感，一时的输赢根本不会影响到他们的交易情绪，也不会为无从究其原因的行情懊恼自责。

期货交易能带给赢家无比的成就感，众人皆为获利而疲于奋战于期货战场，但残酷的现实不断打击着无数的参与者。工欲善其事，必先利其器。交易机会永远都会有，但真正的机会永远属于有备而来者。为获得交易的成功，明智的交易者会不断反思与完善自己的交易策略，在交易中逐渐成长。

后　记

个人交易核心理念：

1. 止损不得拖泥带水，永远快速止损，发现错误的第一时间止损；

2. 永远只做右侧交易；

3. 因强而买，因弱而卖；

4. 安全永远比利润更重要；

5. 不下注不知输赢，但只能赢不能输的注永远都不要下！

6. 策略与执行是一个完美统一体，永远不做计划的伟人、执行的侏儒；

7. 高买更高卖、低卖更低买；

8. 可控的赔钱也是一种胜利，不可控的盈利也是一种失败；

9. 预期收益降低一分，情绪波动将会随之降低三分；

10. 赢利时是长线，亏损时就是短线；

11. 未料胜，先料败，永远只做输得起的概率事件；

12. 生活中的急功近利会把人累倒，交易中的急功近利会把本金累少；

13. 没有经验做不得，经验主义要不得，经验弥补了交易者捕捉安全机会的能力；

14. 有限分散风险、适度集中投资目标；

15. 永远拒绝过度交易；

16. 永远不逆势而为；

17. 看不准时离场不作为是最好的选择；

18. 逐小利者必为小利所失，永远不为蝇头小利而动；

19. 交易者最糟糕的错误：分摊损失；

20. 永不猜测市场何时见顶见底，市场自然会证明一切。